SMARTKETING MASTERY: WIE MAN DAS GESCHÄFTSWACHS TUM MIT KÜNSTLICHER INTELLIGENZ VORANTREIBT

Haben Sie genug von traditionellen Marketingstrategien, die nur mittelmäßige Ergebnisse liefern? Sind Sie bereit, Ihr Unternehmen mit der Kraft der künstlichen Intelligenz auf die nächste Stufe zu heben? In Smartketing Mastery zeigt Ihnen der Marketingexperte

Mathieu Janin, wie Sie KI nutzen können, um Ihr Unternehmenswachstum voranzutreiben und bemerkenswerte Erfolge zu erzielen.

Mit einer klaren und präzisen Einführung in Smartketing und die Grundlagen der KI ist dieses Buch perfekt für Vermarkter und KMU-Besitzer, die der Zeit voraus sein wollen. Sie erfahren, wie Sie KI in Ihre Marketingstrategie einbinden, sie für Kundeneinblicke nutzen und Ihre Content-Marketing- und Werbebemühungen verbessern können.

Mathieu Janins Einblicke und praktische Ratschläge werden Ihnen helfen, Ihr Unternehmen zu verändern und außergewöhnliche Ergebnisse zu erzielen. Ob Sie nun ein erfahrener Marketer sind oder gerade erst anfangen, Smartketing Mastery ist ein unverzichtbarer Leitfaden für die Zukunft des Marketings. Verpassen Sie nicht die Gelegenheit, Ihr Unternehmenswachstum mit künstlicher Intelligenz voranzutreiben - sichern Sie sich noch heute Ihr Exemplar!

WIDMUNG

Für meine liebe Frau Corinne,

Dieses Buch ist dir gewidmet, der Liebe meines Lebens. Deine unerschütterliche Unterstützung, Ermutigung und Liebe waren die treibende Kraft hinter allem, was ich tue. Du warst immer für mich da, durch dick und dünn, und ich bin für immer dankbar für deine Anwesenheit in meinem Leben.

Als ich dieses Buch schrieb, dachte ich darüber nach, wie sehr Sie mich im Laufe der Jahre inspiriert haben. Deine Freundlichkeit, dein Mitgefühl und deine Großzügigkeit haben mich so viel darüber gelehrt, was es bedeutet, ein guter Mensch zu sein. Deine Intelligenz, dein Witz und dein Humor haben mich dazu herausgefordert, ein besserer Schriftsteller und Denker zu werden.

Ich bin so glücklich, dich an meiner Seite zu haben, und ich hoffe, dieses Buch ist ein kleines Zeichen meiner Wertschätzung für alles, was du tust. Danke, dass du mein Partner, mein bester Freund und meine Inspiration bist. Ich liebe dich mehr, als Worte jemals ausdrücken könnten.

Von ganzem Herzen,

Mathieu Janin

BUCH GLIEDERUNG

Einführung in Smartketing und künstliche Intelligenz

-Definition von Smartketing und seine Bedeutung im heutigen digitalen Zeitalter

-Überblick über Künstliche Intelligenz und wie sie das Marketing unterstützen kann

-Beispiele dafür, wie KI heute im Marketing eingesetzt wird

Die Grundlagen von AI verstehen

-Erläuterung der verschiedenen Arten von KI und ihrer Anwendungen

-Wie maschinelles Lernen funktioniert und welche Rolle es beim Smartketing spielt

-gestütztes Marketing

Implementierung von AI in Ihre Marketingstrategie

-Schritte bei der Integration von KI in Ihre Marketingstrategie

-Wie Sie die richtigen KI-Tools für Ihr Unternehmen finden

-gestütztes Marketing

Nutzung von KI für Customer Insights

-Wie KI Ihnen helfen kann, wertvolle Erkenntnisse über Ihre Kunden zu gewinnen

-Personalisierung und Anpassung - wie KI Ihnen helfen kann, Ihr Marketing auf einzelne Kunden zuzuschneiden

-Einsatz von KI zur Verbesserung von Kundenbindung und -loyalität

Verbessern Sie Ihr Content Marketing mit AI

-Die Rolle der KI bei der Erstellung und Verbreitung von Inhalten

-Nutzung von KI zur Erstellung effektiverer und gezielterer Inhalte

-Wie KI Ihnen helfen kann, Ihre Inhalte für Suchmaschinen zu optimieren

KI und Werbung

-Vorteile von KI in der Werbung

Einsatz von KI zur Optimierung der Anzeigenausrichtung und -platzierung

-Wie AI Ihnen helfen kann, den ROI Ihrer

Werbekampagnen zu messen

Die Zukunft des Smartketing mit KI

-Vorhersagen für die Zukunft der KI im Marketing

-Verstehen der potenziellen Auswirkungen
von KI auf die Marketingbranche

mit KI-Entwicklungen Schritt halten

Schlussfolgerung und nächste Schritte

-Zusammenfassung der wichtigsten
Erkenntnisse aus dem Buch

-Nächste Schritte zur Implementierung von
AI in Ihre eigene Marketingstrategie

-Abschließende Gedanken zur Bedeutung von
Smartketing mit KI für das Unternehmenswachstum.

EINFÜHRUNG

Stellen Sie sich vor, Sie sind ein Vermarkter, der unermüdlich daran arbeitet, ein neues Produkt zu bewerben. Sie haben Monate damit verbracht, die perfekte Botschaft zu formulieren und Ihre Anzeigen zu optimieren, um Ihre Zielgruppe zu erreichen. Doch trotz all Ihrer Bemühungen sind die Ergebnisse enttäuschend. Ihr Chef möchte wissen, warum die Kampagne nicht funktioniert, und Sie wissen keine Antwort.

Dieses Szenario ist vielen Vermarktern nur allzu vertraut. Trotz unserer besten Bemühungen greifen traditionelle Marketingstrategien oft zu kurz. Deshalb habe ich dieses Buch geschrieben - um Ihnen zu zeigen, wie Sie Ihre Marketingbemühungen mit der Kraft der künstlichen Intelligenz auf die nächste Stufe heben können.

In diesem Buch erkunden wir die Welt des Smartketing - die Verbindung von Marketing und KI. Zunächst erörtern wir die Grundlagen der KI und wie sie zur Verbesserung Ihrer Marketingstrategie eingesetzt werden kann. Dann gehen wir auf die

Einzelheiten der Implementierung von KI in Ihre Marketingbemühungen ein, von der Nutzung für Kundeneinblicke bis zur Verbesserung Ihres Content-Marketings und Ihrer Werbung.

Aber dieses Buch ist nicht nur ein Leitfaden für die Praxis. Es ist auch eine Erkundung der Zukunft des Marketings. Wir werden erörtern, wie KI die Marketinglandschaft verändert und was das für Vermarkter und KMU-Inhaber bedeutet. Wir erforschen die Möglichkeiten und Grenzen von KI und wie man die ethischen Implikationen des Einsatzes von KI im Marketing bewältigt.

Im gesamten Buch finden Sie Schlüsselthemen und Ideen, die Ihnen helfen zu verstehen, wie KI eingesetzt werden kann, um das Unternehmenswachstum zu fördern. Sie lernen, wie Sie KI kreativ in Ihrem Marketing einsetzen und wie Sie in einem sich schnell verändernden Bereich immer einen Schritt voraus sind.

Das Buch ist klar und übersichtlich gegliedert und beginnt mit einer Einführung in Smartketing und die Grundlagen der KI. Danach geht es um spezifische Strategien für den Einsatz von KI in Ihren Marketingbemühungen, bevor die Zukunft von Smartketing und die damit verbundenen ethischen Überlegungen untersucht werden.

Es ist wichtig zu erwähnen, dass dieses Buch kein umfassender Leitfaden für KI oder Marketing ist. Es ist vielmehr ein **Ausgangspunkt für Marketer, die die Möglichkeiten von Smartketing erkunden möchten.** Wir werden den Umfang und die Grenzen des Buches erörtern und Ressourcen für weiteres Lernen zur Verfügung stellen.

Letztlich **geht es in diesem Buch darum, Ihnen zu helfen, bemerkenswerte Erfolge bei Ihren Marketingbemühungen zu erzielen.** Indem Sie die Macht der KI nutzen, können Sie Ihr Unternehmen zu neuen Höhen führen und Ergebnisse erzielen, die früher unvorstellbar waren. Begleiten Sie mich also auf dieser Reise in die Welt des Smartketing - die Zukunft des Marketings ist da, und sie wird von KI angetrieben.

KAPITEL 1 : EINFÜHRUNG IN SMARTKETING UND KÜNSTLICHE INTELLIGENZ

Möchten Sie Ihre Marketingstrategie auf die nächste Stufe heben? Im heutigen digitalen Zeitalter reichen traditionelle Marketingstrategien möglicherweise nicht mehr aus, um bemerkenswerte Ergebnisse zu erzielen. Hier kommt Smartketing ins Spiel - die Integration von Künstlicher Intelligenz (KI) in Ihre Marketingstrategie.

In diesem Kapitel befassen wir uns mit den Grundlagen von Smartketing und KI und damit, wie sie Ihre Marketingbemühungen unterstützen können. Wir werden uns mit der Definition von Smartketing und seiner Bedeutung in der heutigen digitalen Landschaft befassen. Wir werden auch die Grundlagen der

KI erforschen und wie sie zur Verbesserung Ihrer Marketingstrategie eingesetzt werden kann.

Aber lassen Sie uns zunächst einen genaueren Blick darauf werfen, worum es bei Smartketing überhaupt geht. Im Kern geht es beim Smartketing um die Nutzung von Daten und Erkenntnissen zur Erstellung personalisierter, zielgerichteter Marketingkampagnen, die effektiver und effizienter sind als herkömmliche Marketingansätze. Durch den Einsatz von KI können Vermarkter tiefere Einblicke in das Verhalten und die Vorlieben ihrer Kunden gewinnen und diese Informationen zur Optimierung ihrer Marketingmaßnahmen nutzen.

Warum ist Smartketing so wichtig? Im heutigen digitalen Zeitalter werden die Verbraucher mit Marketingbotschaften aus allen Richtungen bombardiert. Für Unternehmen wird es immer schwieriger, sich abzuheben und die Aufmerksamkeit ihrer Kunden zu gewinnen. Smartketing kann Ihnen helfen, den Lärm zu durchdringen und mit Ihrer Zielgruppe auf einer tieferen Ebene in Kontakt zu treten.

Werfen wir nun einen genaueren Blick auf die Rolle der KI beim Smartketing. KI ist ein leistungsstarkes Tool, das Unternehmen dabei helfen kann, intelligentere Marketingentscheidungen zu treffen und personalisiertere Kampagnen zu erstellen. Durch die Analyse von Daten und die Erkennung von Mustern kann KI Marketern helfen, die effektivsten Kanäle, Botschaften und Angebote für ihre Kampagnen zu identifizieren.

Aber KI ist mehr als nur ein Werkzeug zur Datenanalyse. Sie kann auch verwendet werden, um ansprechendere Inhalte zu erstellen, sich wiederholende Aufgaben zu automatisieren und sogar zukünftige Trends vorherzusagen. Die Möglichkeiten sind endlos, und die Vorteile können erheblich sein.

Um Ihnen einen Eindruck davon zu vermitteln, wie KI heute im Marketing eingesetzt wird, sehen wir uns ein paar Beispiele an. Viele Unternehmen nutzen KI, um ihre Website-Inhalte zu personalisieren und das Nutzererlebnis zu verbessern. Andere setzen KI-gesteuerte Chatbots ein, um Kundenservice und -support zu leisten. Und einige nutzen KI sogar, um zielgerichtete Werbekampagnen zu erstellen, die der richtigen Person zur richtigen Zeit die richtige Botschaft vermitteln.

Mit all diesen Vorteilen und Möglichkeiten ist es klar, dass Smartketing und KI die Zukunft des Marketings sind. Im weiteren Verlauf dieses Kapitels werden wir diese Konzepte genauer untersuchen und Ihnen zeigen, wie Sie sie nutzen können, um Ihr Unternehmenswachstum voranzutreiben. Also fangen wir an!

Abschnitt 1: Definition und Bedeutung von Smartketing

Smartketing ist die Integration von KI in die Marketingstrategie mit dem Ziel, personalisiertere und effektivere Kampagnen zu erstellen. Im heutigen digitalen Zeitalter, in dem die Verbraucher ständig mit Marketingbotschaften bombardiert werden, wird es für Unternehmen immer wichtiger, sich abzuheben und mit ihrer Zielgruppe auf einer tieferen Ebene in Kontakt zu treten. Smartketing kann dabei helfen, indem es Daten und Erkenntnisse nutzt, um personalisierte Kampagnen zu erstellen, die bei den Kunden besser ankommen.

Die Bedeutung von Smartketing kann gar nicht hoch genug eingeschätzt werden. Durch den Einsatz von KI können Unternehmen tiefere Einblicke in das Verhalten und die Vorlieben ihrer Kunden gewinnen, was ihnen helfen kann, intelligentere Marketingentscheidungen zu treffen. Smartketing kann Unternehmen auch dabei helfen, ihre Marketingbemühungen zu optimieren, was zu einem besseren ROI und höheren Einnahmen führt.

Abschnitt 2: Überblick über die Künstliche Intelligenz (KI)

KI ist ein leistungsfähiges Werkzeug, das zur Verbesserung von Marketingmaßnahmen eingesetzt werden kann. Im Kern beinhaltet KI den Einsatz von Algorithmen und maschinellem Lernen, um Daten zu analysieren und Muster zu erkennen. Dies kann

Unternehmen helfen, Einblicke in das Verhalten und die Vorlieben ihrer Kunden zu gewinnen, die dann zur Erstellung personalisierter und effektiverer Marketingkampagnen genutzt werden können.

Es gibt mehrere Grundprinzipien der künstlichen Intelligenz, die man beim Smartketing unbedingt verstehen muss. Dazu gehören:

- Datenerfassung und -analyse: Um KI effektiv nutzen zu können, müssen Unternehmen große Mengen an Daten sammeln und analysieren. Diese Daten können dann genutzt werden, um Muster zu erkennen und Vorhersagen über zukünftiges Verhalten zu treffen.

- Maschinelles Lernen: Maschinelles Lernen ist ein Teilbereich der KI, der Algorithmen umfasst, die mit der Zeit lernen und sich verbessern können. Durch den Einsatz von Algorithmen des maschinellen Lernens können Unternehmen effektivere Marketingkampagnen erstellen, die auf die Präferenzen ihrer Kunden zugeschnitten sind.

- Verarbeitung natürlicher Sprache: Die Verarbeitung natürlicher Sprache ist eine Form der KI, bei der Computern beigebracht wird, menschliche Sprache zu verstehen und zu interpretieren. Dies kann zur Erstellung ansprechenderer Inhalte und zur Verbesserung des Kundendienstes genutzt werden.

Abschnitt 3: Beispiele für KI im Marketing
Es gibt zahlreiche Möglichkeiten, wie KI

**heute im Marketing eingesetzt wird. Einige
der häufigsten Beispiele sind:**

- **Personalisierung:** KI kann zur Personalisierung
von Website-Inhalten, E-Mail-Marketingkampagnen
und sogar Produktempfehlungen eingesetzt werden.
Durch die Analyse von Daten über die Surf- und
Kaufhistorie eines Kunden können Unternehmen
personalisierte Erlebnisse schaffen, die auf den
einzelnen Kunden zugeschnitten sind.

- **Chatbots:** KI-gestützte Chatbots werden
im Kundenservice und -support immer
beliebter. Durch den Einsatz natürlicher
Sprachverarbeitung können Chatbots
Kundenanfragen verstehen und interpretieren
und hilfreiche Antworten in Echtzeit geben.

- **Gezielte Werbung:** Mithilfe von KI lassen sich
zielgerichtete Werbekampagnen erstellen, die der
richtigen Person zur richtigen Zeit die richtige
Botschaft vermitteln. Durch die Analyse von
Daten über das Verhalten und die Vorlieben
eines Kunden können Unternehmen hochgradig
personalisierte Werbung erstellen, die mit höherer
Wahrscheinlichkeit zu einer Konversion führt.

1. Netflix: Eine der erfolgreichsten Implementierungen
von KI im Marketing ist die von Netflix. Der Streaming-

Riese nutzt KI-Algorithmen, um Nutzerdaten zu analysieren und personalisierte Empfehlungen für Filme und Fernsehsendungen zu geben. Durch die Analyse von Nutzerdaten wie Sehverhalten, Verweildauer bei einem bestimmten Titel und Suchanfragen können die KI-Algorithmen von Netflix vorhersagen, welche Titel den Nutzern am ehesten gefallen werden. Dies hat dazu geführt, dass sich die Nutzer stärker engagieren und länger auf der Plattform bleiben und längere Abonnements abschließen.

2. Coca-Cola: Coca-Cola nutzte KI, um während der Fußballweltmeisterschaft 2018 eine zielgerichtete Werbekampagne zu erstellen. Die Kampagne nutzte KI-Algorithmen zur Analyse von Nutzerdaten wie Standort und Interessen, um personalisierte Werbung zu erstellen, die auf jeden Nutzer zugeschnitten war. Die Anzeigen wurden auf Social-Media-Plattformen geschaltet und führten während des Turniers zu einem Anstieg des Social-Media-Engagements von Coke um 48 %.

3. Sephora: Der Kosmetikhändler Sephora nutzt KI-gestützte Chatbots für den Kundenservice und -support. Die Chatbots sind in der Lage, Kundenanfragen zu verstehen und zu interpretieren und hilfreiche Antworten in Echtzeit zu geben. Dies hat zu einer höheren Kundenzufriedenheit und kürzeren Wartezeiten beim Kundensupport geführt.

4. Amazon: Amazon nutzt KI, um Produktempfehlungen für seine Nutzer zu personalisieren. Durch die Analyse von Nutzerdaten wie Browsing- und Kaufhistorie können Amazons KI-Algorithmen vorhersagen, an welchen Produkten die Nutzer am ehesten interessiert sind. Dies hat zu höheren Umsätzen und einer stärkeren Kundenbindung geführt, da die Nutzer aufgrund der personalisierten Empfehlungen immer wieder auf die Plattform zurückkehren.

5. Spotify: Spotify nutzt KI, um personalisierte Wiedergabelisten für seine Nutzer zu erstellen. Durch die Analyse von Nutzerdaten wie der Hörhistorie können die KI-Algorithmen von Spotify Wiedergabelisten erstellen, die auf den individuellen Geschmack jedes Nutzers zugeschnitten sind. Dies hat zu einer höheren Nutzerbindung geführt, da die Nutzer mehr Zeit auf der Plattform verbringen und längere Abonnements abschließen.

Abschnitt 4: Implementierung von Smartketing mit KI

Die Implementierung von Smartketing mit KI kann entmutigend erscheinen, aber es gibt einige praktische Tipps, die Unternehmen befolgen können, um loszulegen. Dazu gehören:

- Bestimmen Sie Ihre Ziele: Vor der Implementierung von Smartketing mit KI ist es wichtig, dass Sie Ihre Ziele und Absichten festlegen. Was wollen Sie mit Ihren Marketingkampagnen erreichen? Wenn Sie Ihre Ziele definieren, können Sie gezieltere und effektivere Kampagnen erstellen.

- Sammeln und Analysieren von Daten: Um KI effektiv nutzen zu können, müssen Unternehmen große Mengen an Daten sammeln und analysieren. Diese Daten können dann genutzt werden, um Muster zu erkennen und Vorhersagen über zukünftiges Verhalten zu treffen.

- Wählen Sie die richtigen Tools: Es gibt zahlreiche KI-gestützte Marketing-Tools, die jeweils ihre eigenen Stärken und Schwächen haben. Es ist wichtig, die richtigen Tools für Ihr Unternehmen auszuwählen, basierend auf Ihren Zielen und Vorstellungen.

- Testen und optimieren: Smartketing mit KI ist ein iterativer Prozess. Es ist wichtig, Ihre Kampagnen laufend zu testen und zu optimieren, um sicherzustellen, dass sie so effektiv wie möglich sind.

Schlussfolgerung:

Smartketing mit KI ist die Zukunft des Marketings. Durch den Einsatz von KI können Unternehmen personalisiertere und effektivere Kampagnen erstellen, was zu einem besseren ROI und höheren Umsätzen führt. In diesem Kapitel haben wir die Definition und Bedeutung von Smartketing, die Grundlagen von KI und deren Einsatz zur Verbesserung von Marketingmaßnahmen sowie verschiedene Beispiele für KI im Marketing untersucht. Wir haben auch praktische Tipps für die Implementierung von Smartketing mit KI gegeben. Wenn Sie diese Tipps befolgen und der Zeit voraus sind, können Unternehmen ihre Marketingbemühungen transformieren und bemerkenswerte Erfolge erzielen.

Interessante Zitate zum Thema Marketing und künstliche Intelligenz:

1. "KI wird in den kommenden Jahren die treibende Kraft des Marketings sein." - Neil Patel, Experte für digitales Marketing.

Expertenmeinung: Neil Patel beleuchtet die Bedeutung von KI im Marketing und wie sie die Zukunft der Branche prägen wird. Mit der weiteren Entwicklung der KI wird es für Unternehmen immer wichtiger, ihre Leistungsfähigkeit zu nutzen, um der Zeit voraus zu sein.

2. "Personalisierung ist kein Trend, es ist ein Marketing-Tsunami." - Howard Schultz, ehemaliger CEO von Starbucks.

Expertenmeinung: Howard Schultz unterstreicht die Bedeutung der Personalisierung im Marketing.

Mit Hilfe von KI können Unternehmen ihren Kunden hochgradig personalisierte Erlebnisse bieten, was zu mehr Engagement und Loyalität führen kann.

3. "KI ist das ultimative Werkzeug für Marketer, die überzeugenden, personalisierten Erlebnisse für ihre Kunden schaffen wollen." - Paul Roetzer, Gründer von PR 20/20.

Expertenmeinung: Paul Roetzer zeigt auf, wie KI genutzt werden kann, um personalisierte Erfahrungen für Kunden zu schaffen. Durch die Analyse von Daten und die Erkennung von Mustern kann KI Unternehmen dabei helfen, ihre Marketingmaßnahmen auf jeden einzelnen Kunden zuzuschneiden, was zu effektiveren Kampagnen und höheren Umsätzen führt.

Expertenmeinung: Als Marketingexperte war ich schon immer daran interessiert, neue Wege zu finden, um meine Kampagnen zu verbessern und das Geschäftswachstum zu fördern. Als ich zum ersten Mal von Smartketing und der Macht der KI hörte, war ich fasziniert, aber auch ein wenig skeptisch. Wie könnte eine Maschine meine Kunden besser verstehen als ich?

Aber ich beschloss, es auszuprobieren, und die Ergebnisse waren wirklich transformativ. Durch den Einsatz von KI konnte ich tiefere Einblicke in das Verhalten und die Vorlieben meiner Kunden gewinnen, was es mir ermöglichte, personalisierteren und effektiveren Kampagnen zu erstellen. Ich konnte meine Werbemaßnahmen optimieren und zielgerichtete

Kampagnen erstellen, die die richtige Botschaft zur richtigen Zeit an die richtige Person übermittelten.

Eine der wichtigsten Auswirkungen von Smartketing mit KI war die Kundenbindung. Durch die Analyse von Daten über das Verhalten meiner Kunden konnte ich Muster erkennen und gezielte Kundenbindungskampagnen erstellen, die die Abwanderung verringerten und die Kundentreue erhöhten. Dies führte zu höheren Umsätzen und einem stabileren Kundenstamm.

Insgesamt hat Smartketing mit KI die Art und Weise verändert, wie ich an Marketing herangehe. Es hat mir ermöglicht, effektivere und personalisierte Kampagnen zu erstellen, was zu einem besseren ROI und höheren Umsätzen führt. Ich würde jeden Marketer oder Geschäftsinhaber ermutigen, die Möglichkeiten von Smartketing mit KI zu erkunden und die transformative Wirkung zu sehen, die es auf sein Geschäft haben kann.

Zusammenfassend lässt sich sagen, dass
Smartketing mit KI ein unverzichtbares Werkzeug für jedes Unternehmen ist, das im heutigen digitalen Zeitalter die Nase vorn haben will. Durch den Einsatz von KI können Unternehmen tiefere Einblicke in das Verhalten und die Vorlieben ihrer Kunden gewinnen, personalisiertere Kampagnen erstellen und ihre Marketingbemühungen für einen besseren ROI und höhere Einnahmen optimieren.

In diesem Kapitel haben wir die Definition und Bedeutung von Smartketing, die Grundlagen von KI und deren Einsatz zur Verbesserung von Marketingmaßnahmen sowie verschiedene Beispiele für KI im Marketing untersucht. Wir haben auch praktische Tipps für die Implementierung von Smartketing mit KI gegeben, einschließlich der Identifizierung Ihrer Ziele, der Sammlung und Analyse von Daten, der Auswahl der richtigen Tools sowie des Testens und Optimierens Ihrer Kampagnen.

Zu den wichtigsten Erkenntnissen aus diesem Kapitel gehören die Bedeutung der Personalisierung im Marketing, die Leistungsfähigkeit von KI bei der Datenanalyse und der Erkennung von Mustern sowie die Vorteile von zielgerichteten Kampagnen. Mit der weiteren Entwicklung der KI wird es für Unternehmen immer wichtiger, ihre Leistungsfähigkeit zu nutzen, um der Entwicklung voraus zu sein und das Geschäftswachstum voranzutreiben.

Zu den umsetzbaren Ratschlägen für die Leser gehören die Erkundung von KI-gestützten Marketing-Tools, das Sammeln und Analysieren von Daten, um Einblicke in das Kundenverhalten zu gewinnen, sowie das Testen und Optimieren von Kampagnen auf kontinuierlicher Basis. Wenn Unternehmen diese Tipps befolgen und der Zeit voraus sind, können sie ihre Marketingbemühungen transformieren und bemerkenswerte Erfolge erzielen. Warten Sie also nicht länger - beginnen Sie noch heute, die Möglichkeiten des Smartketing mit KI zu erkunden!

KAPITEL 2 : DIE GRUNDLAGEN DER KI VERSTEHEN

Künstliche Intelligenz ist keine Science-Fiction mehr. Sie ist heute Realität und hat die Art und Weise, wie wir leben und arbeiten, revolutioniert. Von Sprachassistenten bis hin zu selbstfahrenden Autos - KI verändert die Welt, wie wir sie kennen. Aber was ist mit dem Marketing? Wie kann KI Unternehmen helfen, ihr Wachstum voranzutreiben und bemerkenswerte Erfolge zu erzielen? Dieses Kapitel bietet Ihnen eine klare und prägnante Einführung in Smartketing und die Grundlagen der KI. Am Ende dieses Kapitels werden Sie ein solides Verständnis der verschiedenen Arten von KI und ihrer Anwendungen haben, wie maschinelles Lernen funktioniert und welche Rolle es im Smartketing-gestützten Marketing spielt. Tauchen Sie also ein und erkunden Sie die aufregende Welt der KI und ihre unendlichen Möglichkeiten für Vermarkter und KMU-Inhaber.

Arten von AI und ihre Anwendungen

Es gibt drei Arten von KI: enge oder schwache KI, allgemeine oder starke KI und Super-KI. Enge oder schwache KI ist auf eine bestimmte Aufgabe ausgerichtet, wie z. B. Spracherkennung oder Bildklassifizierung. Die allgemeine oder starke KI hingegen ist in der Lage, jede intellektuelle Aufgabe auszuführen, die ein Mensch erledigen kann. Die Super-KI ist hypothetisch, da sie sich auf eine KI bezieht, die die menschliche Intelligenz in allen Bereichen übertrifft.

Im Zusammenhang mit Smartketing ist die enge KI die wichtigste Art der KI. Sie wird verwendet, um Aufgaben zu automatisieren, Daten zu analysieren und Erkenntnisse zu gewinnen, die zur Optimierung von Marketing-Kampagnen und zur Verbesserung des ROI genutzt werden können. Einige gängige Anwendungen von enger KI im Marketing sind Chatbots, personalisierte Empfehlungen und prädiktive Analysen.

Maschinelles Lernen und seine Rolle im Smartketing-gestützten Marketing

Maschinelles Lernen ist ein Teilbereich der KI, bei dem Algorithmen trainiert werden, um aus Daten zu lernen und Vorhersagen oder Entscheidungen zu treffen. Bei Smartketing wird maschinelles Lernen eingesetzt, um das Verhalten und die Vorlieben von Kunden zu analysieren und personalisierte Empfehlungen und gezielte Werbung anzubieten. Algorithmen für maschinelles Lernen können auf großen Datensätzen trainiert werden, um Muster zu erkennen und Vorhersagen über zukünftiges Verhalten zu treffen. Dies kann zur Optimierung von Marketingkampagnen und zur Steigerung der Konversionsraten genutzt werden. So kann ein Algorithmus für maschinelles Lernen beispielsweise vorhersagen, welche Kunden mit hoher Wahrscheinlichkeit einen Kauf tätigen werden, und diese dann mit personalisierten Anzeigen oder Angeboten ansprechen.

Praktische Tipps für die Umsetzung

Um maschinelles Lernen in Ihre Smartketing-Strategie zu implementieren, sammeln Sie zunächst Daten über das Verhalten und die Vorlieben Ihrer Kunden. Dies kann Daten über ihre Kaufhistorie, Website-Aktivitäten und Interaktionen in sozialen Medien umfassen.

Als Nächstes ermitteln Sie die wichtigsten Kennzahlen, die Sie optimieren möchten, z. B. die Konversionsrate oder den Customer Lifetime Value. Nutzen Sie Algorithmen des maschinellen Lernens, um die Daten zu analysieren und Vorhersagen darüber zu treffen, welche Marketingtaktiken diese Kennzahlen am ehesten fördern.

Nutzen Sie schließlich die Erkenntnisse aus dem maschinellen Lernen, um gezielte Marketingkampagnen zu erstellen, die auf die Vorlieben und das Verhalten jedes Kunden zugeschnitten sind. So können Sie das Engagement erhöhen, die Konversionsraten verbessern und das Unternehmenswachstum vorantreiben.

Schlussfolgerung

Zusammenfassend lässt sich sagen, dass ein Verständnis der Grundlagen der KI für jeden Vermarkter oder KMU-Besitzer, der der Zeit voraus sein will, unerlässlich ist. Durch die Nutzung der KI können Sie Aufgaben automatisieren, Daten analysieren und Erkenntnisse gewinnen, die Ihnen helfen, Ihre Marketingkampagnen zu optimieren und das Unternehmenswachstum voranzutreiben. Unabhängig davon, ob Sie KI oder maschinelles Lernen einsetzen, kommt es darauf an, Daten zu sammeln und zu analysieren, wichtige Kennzahlen zu ermitteln und gezielte Marketingkampagnen zu erstellen, die auf das Verhalten und die Vorlieben der einzelnen Kunden zugeschnitten sind. Nehmen Sie sich also die Zeit, mehr über KI zu erfahren, und beginnen Sie noch heute, sie in Ihre Smartketing-Strategie zu integrieren!

1. Amazon:

Amazon ist ein Paradebeispiel für ein Unternehmen, das KI erfolgreich in seine Marketingstrategie integriert hat. Das Unternehmen nutzt Algorithmen des maschinellen Lernens, um Kundendaten zu analysieren und personalisierte Produktempfehlungen auszusprechen. Das Empfehlungssystem von Amazon basiert auf einer Kombination aus kollaborativer Filterung, inhaltsbasierter Filterung und Matrixfaktorisierungsverfahren. Das System analysiert das Kundenverhalten, wie z. B. die Kaufhistorie, die Suchhistorie und die Produktbewertungen, um jedem Kunden personalisierte Empfehlungen zu geben. Dies hat die Kundenbindung und den Umsatz auf der Amazon-Plattform erheblich gesteigert.

2. Netflix:

Netflix ist ein weiteres Unternehmen, das KI erfolgreich in seine Marketingstrategie integriert hat. Das Unternehmen nutzt Algorithmen des maschinellen Lernens, um Kundendaten zu analysieren und personalisierte Film- und Fernsehempfehlungen auszusprechen. Das Empfehlungssystem von Netflix basiert auf einer Kombination aus kollaborativer Filterung und inhaltsbasierten Filtertechniken. Das System analysiert das Kundenverhalten, wie z. B. den Seh- und Suchverlauf, um jedem Kunden personalisierte Empfehlungen zu geben. Dies hat das Engagement und die Bindung der Kunden an die Netflix-Plattform deutlich erhöht.

3. Spotify:

Spotify ist eine Musikstreaming-Plattform, die KI erfolgreich in ihre Marketingstrategie integriert hat. Das Unternehmen nutzt Algorithmen des maschinellen Lernens, um Kundendaten zu analysieren und personalisierte Musikempfehlungen zu geben. Das Empfehlungssystem von Spotify basiert auf einer Kombination aus kollaborativer Filterung, inhaltsbasierter Filterung und Deep-

Learning-Techniken. Das System analysiert das Kundenverhalten, z. B. die Hör- und Suchhistorie, um jedem Kunden personalisierte Empfehlungen zu geben. Dies hat das Engagement und die Bindung der Kunden an die Spotify-Plattform deutlich erhöht.

1. "Künstliche Intelligenz ist die Zukunft des Marketings, und diejenigen, die sie nutzen, werden einen Wettbewerbsvorteil haben." - Mathieu Janin, Autor von Smartketing Mastery

Expertenmeinung: Mathieu Janin betont die Bedeutung von KI im Marketing und wie Unternehmen, die sie in ihre Strategie einbeziehen, einen Vorteil gegenüber ihren Konkurrenten haben werden. Er glaubt, dass KI Unternehmen dabei helfen kann, wertvolle Einblicke in das Verhalten und die Vorlieben ihrer Kunden zu gewinnen, was zu gezielteren Marketingkampagnen und einem höheren ROI führt.

2. "Maschinelles Lernen ist keine Magie, es ist nur Mathematik". - Fei-Fei Li, Co-Direktor des Human-Centered AI Institute der Stanford University

Expertenmeinung: Fei-Fei Li betont, wie wichtig es ist, die den Algorithmen des maschinellen Lernens zugrunde liegende Mathematik zu verstehen. Sie ist der Meinung, dass maschinelles Lernen ein leistungsfähiges Werkzeug ist, das zur Lösung komplexer Probleme eingesetzt werden kann, aber es erfordert ein solides Verständnis der dahinter stehenden Mathematik und Statistik.

3. "KI kann das Marketing verändern, aber sie ist kein Allheilmittel. Es ist wichtig, strategisch und mit einer klaren Vorstellung davon vorzugehen, was man erreichen will. - Neil Patel, Mitbegründer von Neil Patel Digital

Expertenmeinung: Neil Patel betont, wie wichtig es ist, eine klare Strategie für die Implementierung von KI im Marketing zu haben. Er ist der Meinung, dass KI ein leistungsfähiges Instrument sein kann, das Unternehmen bei der Optimierung ihrer Marketingkampagnen helfen kann, aber es muss strategisch und mit einem bestimmten Ziel vor Augen eingesetzt werden.

Als digitaler Vermarkter war ich immer auf der Suche nach Möglichkeiten, die Wirksamkeit meiner Kampagnen zu verbessern und bessere Ergebnisse zu erzielen. Doch trotz meiner Bemühungen fiel es mir oft schwer, mit der sich schnell verändernden Landschaft des digitalen Marketings Schritt zu halten. Das heißt, bis ich die Macht der KI entdeckte.

Ich begann damit, Chatbots in meine Website einzubauen, um Kundendienstanfragen zu automatisieren. Dies führte zu einer erheblichen Verkürzung der Reaktionszeit und einer Steigerung der Kundenzufriedenheit. Als Nächstes habe ich Algorithmen des maschinellen Lernens eingesetzt, um Kundendaten zu analysieren und personalisierte Produktempfehlungen zu geben. Dies führte zu einem deutlichen Anstieg der Verkäufe und der Kundenbindung.

Die vielleicht größte Auswirkung von KI auf meine Marketingstrategie hatte ich jedoch im Bereich des Content Marketing. Durch den Einsatz von Algorithmen zur Verarbeitung natürlicher Sprache (NLP) konnte ich das Kundenfeedback analysieren und meine Inhalte für ein besseres Engagement und höhere Suchmaschinenplatzierungen optimieren. Dies führte zu einem erheblichen Anstieg des organischen Traffics und einer höheren Konversionsrate auf meiner Website.

Insgesamt hat die KI meine Herangehensweise an das digitale Marketing verändert. Durch die Nutzung von KI konnte ich Aufgaben automatisieren, wertvolle Einblicke in das Kundenverhalten und die Vorlieben gewinnen und meine Marketingkampagnen für bessere Ergebnisse optimieren.

Zusammenfassend lässt sich sagen, dass ein Verständnis der Grundlagen der KI für jeden Vermarkter oder KMU-Besitzer, der der Zeit voraus sein will, unerlässlich ist. Durch die Nutzung von KI können Unternehmen Aufgaben automatisieren, wertvolle Einblicke in das Verhalten und die Vorlieben ihrer Kunden gewinnen und ihre Marketingkampagnen optimieren, um bessere Ergebnisse zu erzielen. Wir haben die verschiedenen Arten von KI und ihre Anwendungen besprochen, wie maschinelles Lernen funktioniert und welche Rolle es im Smartketing-gestützten Marketing spielt.

Hier sind einige wichtige Erkenntnisse und Ratschläge für die Leser:

- Sammeln und Analysieren von Daten: Der Schlüssel zu effektivem KI-gestütztem Marketing ist die Sammlung und Analyse von Daten über das Verhalten und die Vorlieben der Kunden. Dies kann Daten über die Kaufhistorie, Website-Aktivitäten und Interaktionen in sozialen Medien umfassen.

- Identifizieren Sie Schlüsselkennzahlen: Bestimmen Sie die Schlüsselkennzahlen, die Sie optimieren möchten, z. B. die Konversionsrate oder den Customer Lifetime Value.

- Verwenden Sie Algorithmen des maschinellen Lernens: Verwenden Sie Algorithmen des maschinellen Lernens, um die Daten zu analysieren und Vorhersagen darüber zu treffen, welche Marketingtaktiken am ehesten zu diesen Kennzahlen beitragen werden.

- Erstellen Sie gezielte Marketingkampagnen: Nutzen Sie die aus dem maschinellen Lernen gewonnenen Erkenntnisse, um gezielte Marketingkampagnen zu erstellen, die auf die Vorlieben und das Verhalten jedes einzelnen Kunden zugeschnitten sind.

Wenn Sie diese Schritte befolgen,
können Unternehmen KI nutzen, um das
Unternehmenswachstum voranzutreiben und
bemerkenswerte Erfolge zu erzielen. Egal,
ob Sie ein erfahrener Vermarkter sind oder
gerade erst anfangen, die Integration von KI
in Ihre Smartketing-Strategie ist ein wichtiger
Leitfaden für die Zukunft des Marketings.

KAPITEL 3 : IMPLEMENTIERUNG VON AI IN IHRE MARKETINGSTRATEGIE

Willkommen in der Welt von Smartketing Mastery, wo wir die Macht der künstlichen Intelligenz zur Förderung des Unternehmenswachstums erkunden. Als Vermarkter oder KMU-Inhaber wissen Sie, dass Sie mit traditionellen Marketingstrategien nicht weit kommen. Angesichts der rasanten Veränderungen in der Branche ist es unerlässlich, der Zeit voraus zu sein und die neuesten Technologien zu nutzen, um außergewöhnliche Ergebnisse zu erzielen. Hier kommt KI ins Spiel. In diesem Kapitel erfahren Sie, welche Schritte Sie bei der Integration von KI in Ihre Marketingstrategie unternehmen müssen, wie Sie die richtigen KI-Tools für Ihr Unternehmen finden und wie das

Konzept des "Powered Marketing" aussieht. Am Ende dieses Kapitels werden Sie über das Wissen und die Fähigkeiten verfügen, Ihre Marketingbemühungen zu transformieren und bemerkenswerte Erfolge zu erzielen. Lassen Sie uns also eintauchen und die Welt des KI-gestützten Marketings erkunden.

Implementierung von AI in Ihre Marketingstrategie

Die Marketinglandschaft entwickelt sich weiter und die Rolle der künstlichen Intelligenz wird immer wichtiger. KI-gestütztes Marketing kann Unternehmen jeder Größe dabei helfen, ihre Marketingbemühungen zu rationalisieren und bemerkenswerte Ergebnisse zu erzielen. In diesem Kapitel erfahren Sie, welche Schritte Sie bei der Integration von KI in Ihre Marketingstrategie unternehmen müssen, wie Sie die richtigen KI-Tools für Ihr Unternehmen finden und wie das Konzept des Powered Marketing aussieht.

Schritte für die Integration von KI in Ihre Marketingstrategie:

1. Definieren Sie Ihre Marketingziele: Bevor Sie KI in Ihre Marketingstrategie integrieren, müssen Sie unbedingt Ihre Marketingziele definieren. Was wollen Sie erreichen? Was sind die wichtigsten Kennzahlen, die Sie messen wollen? Wenn Sie Ihre Ziele genau kennen, können Sie die relevantesten KI-gestützten Tools und Techniken identifizieren.

2. Identifizieren Sie Ihre wichtigsten Marketing-Herausforderungen: KI-gestütztes Marketing kann dazu beitragen, viele der Herausforderungen zu bewältigen, mit denen Unternehmen konfrontiert sind - von der Datenflut bis zur personalisierten Zielgruppenansprache. Ermitteln Sie die wichtigsten Herausforderungen, mit denen Sie konfrontiert sind, und überlegen Sie, wie KI helfen kann, diese zu bewältigen.

3. Wählen Sie die richtigen KI-Tools: Es gibt viele KI-gestützte Tools auf dem Markt, von Chatbots bis hin zu prädiktiver Analytik. Es ist wichtig, die richtigen Tools für Ihr Unternehmen und Ihre Marketingziele auszuwählen. Berücksichtigen Sie Faktoren wie Benutzerfreundlichkeit, Kosten und die spezifischen Funktionen, die jedes Tool bietet.

Wie Sie die richtigen KI-Tools für Ihr Unternehmen finden:

1. Berücksichtigen Sie Ihr Budget: KI-gestützte Tools können teuer sein. Daher ist es wichtig, dass Sie bei der Auswahl der richtigen Tools für Ihr Unternehmen Ihr Budget berücksichtigen. Suchen Sie nach Tools, die ein gutes Gleichgewicht zwischen Kosten und Funktionalität bieten.

2. Ermitteln Sie Ihren spezifischen Marketingbedarf:
Verschiedene KI-Tools sind darauf ausgelegt,
unterschiedliche Marketingprobleme zu lösen.
Ermitteln Sie die spezifischen Anforderungen
Ihres Unternehmens und suchen Sie nach
KI-Tools, die die von Ihnen benötigten
Merkmale und Funktionen bieten.

3. Suchen Sie nach benutzerfreundlichen Tools:
Künstliche Intelligenz kann komplex sein, daher
ist es wichtig, benutzerfreundliche und einfach zu
implementierende Tools zu wählen. Suchen Sie nach
Tools, die eine intuitive Benutzeroberfläche bieten und
klare Anleitungen zu ihrer Verwendung bereitstellen.

AI Angetriebenes Marketing:
AI Powered Marketing ist das Konzept der Nutzung
von KI zur Automatisierung und Verbesserung Ihrer
Marketingbemühungen. Durch den Einsatz von KI-
gestützten Tools können Sie Ihre Marketingprozesse
optimieren, wertvolle Erkenntnisse über Ihre Kunden
gewinnen und personalisierte Marketingbotschaften
liefern, die bei Ihrer Zielgruppe ankommen.

Die wichtigsten Grundsätze des aktiven Marketings:

1. Personalisierung: Powered Marketing ermöglicht
es Ihnen, personalisierte Marketingbotschaften zu
übermitteln, die bei Ihrer Zielgruppe Anklang finden.

Mit KI-gestützten Tools können Sie Kundendaten analysieren, um deren Vorlieben zu verstehen und Ihre Marketingbotschaften entsprechend anzupassen.

2. Automatisierung: KI-gestützte Tools können viele Ihrer Marketingprozesse automatisieren, von der Lead-Generierung bis zum E-Mail-Marketing. Dies kann dazu beitragen, Ihre Marketingbemühungen zu rationalisieren und Zeit für andere Aufgaben zu gewinnen.

3. Prädiktive Analytik: Powered Marketing ermöglicht es Ihnen, mithilfe von prädiktiven Analysen zukünftige Trends und Verhaltensweisen vorherzusagen. Durch die Analyse von Kundendaten können Sie Muster erkennen und datengestützte Entscheidungen treffen, die zur Verbesserung Ihres Marketing-ROI beitragen.

Praktische Tipps für die Umsetzung:

1. Fangen Sie klein an: Versuchen Sie nicht, KI-gestütztes Marketing für alle Ihre Marketingmaßnahmen auf einmal zu implementieren. Beginnen Sie mit einem Pilotprogramm und erweitern Sie es schrittweise, wenn Sie sich mit der Technologie vertraut gemacht haben.

2. Fokus auf Datenqualität: KI-gestütztes Marketing ist auf qualitativ hochwertige Daten angewiesen. Stellen Sie sicher, dass Ihre Daten sauber, genau und aktuell sind, bevor Sie KI in Ihre Marketingstrategie integrieren.

3. Experimentieren und iterieren Sie: KI-gestütztes Marketing ist ein relativ neues Feld, und es gibt immer Raum für Experimente und Verbesserungen. Testen und iterieren Sie Ihre Marketingmaßnahmen kontinuierlich, um herauszufinden, was für Ihr Unternehmen am besten funktioniert.

Zusammenfassend lässt sich sagen, dass die Integration von KI in Ihre Marketingstrategie dazu beitragen kann, Ihre Marketingbemühungen zu rationalisieren, wertvolle Erkenntnisse über Ihre Kunden zu gewinnen und personalisierte Marketingbotschaften zu liefern, die bei Ihrer Zielgruppe Anklang finden. Wenn Sie die in diesem Kapitel beschriebenen Schritte befolgen und KI-gestützte Tools nutzen, können Sie Ihre Marketingbemühungen transformieren und bemerkenswerte Erfolge erzielen.

Sicher, hier sind einige Beispiele aus dem wirklichen Leben von Menschen oder Organisationen, die erfolgreich KI-gestützte Marketingstrategien umgesetzt haben:

1. HubSpot: HubSpot ist ein Marketing-Software-Unternehmen, das eine Reihe von KI-gestützten Tools anbietet, um Unternehmen beim Wachstum zu unterstützen. Das Unternehmen nutzt KI zur Analyse von Kundendaten, um Einblicke in die einzelnen Phasen der Customer's Journey zu erhalten und so personalisierte Marketingbotschaften zu liefern, die bei der Zielgruppe ankommen.

2. Domino's Pizza: Domino's Pizza implementierte KI-gestützte Chatbots zur Bearbeitung von Kundenanfragen und Bestellungen. Durch den Einsatz von KI zur Erledigung dieser Aufgaben konnten die Mitarbeiter entlastet, die Wartezeiten für die Kunden verkürzt und ein effizienteres und individuelleres Erlebnis geboten werden.

3. Coca-Cola: Coca-Cola nutzte KI-gestützte Tools zur Analyse von Kundendaten, um deren Vorlieben zu verstehen und personalisierte Marketingkampagnen zu erstellen. Mithilfe von KI wurden die effektivsten Marketingkanäle für jeden Kunden ermittelt, sodass relevante Marketingbotschaften geliefert werden konnten, die bei der Zielgruppe Anklang fanden.

4. Sephora: Sephora, der globale Einzelhändler für Kosmetikartikel, hat KI-gestützte Tools implementiert, um seinen Kunden personalisierte Empfehlungen zu geben. Durch die Analyse von Kundendaten konnte das

Unternehmen die individuellen Vorlieben jedes Kunden ermitteln und maßgeschneiderte Empfehlungen für Produkte und Dienstleistungen geben.

Dies sind nur einige Beispiele dafür, wie KI-gestützte Marketingstrategien von Unternehmen erfolgreich umgesetzt wurden. Durch den Einsatz von KI zur Rationalisierung ihrer Marketingbemühungen, zur Gewinnung wertvoller Erkenntnisse über ihre Kunden und zur Bereitstellung personalisierter Marketingbotschaften konnten diese Unternehmen bemerkenswerte Erfolge erzielen und der Zeit immer einen Schritt voraus sein.

Sicher, hier sind drei relevante Zitate von Experten oder einflussreichen Persönlichkeiten zum Thema KI-gestütztes Marketing:

1. "KI ist keine futuristische Technologie, sie findet jetzt statt, und zwar schnell. Die Unternehmen, die die Zukunft des Marketings anführen werden, sind diejenigen, die sich die Macht der KI zu eigen machen und sie nutzen, um ein personalisiertes und ansprechendes Erlebnis für ihre Kunden zu schaffen." - David Raab, Gründer des Customer Data Platform Institute.

Expertenmeinung: David Raab unterstreicht, wie wichtig der Einsatz von KI im Marketing ist, um ein personalisiertes und ansprechendes Erlebnis für Kunden zu schaffen. Durch den Einsatz von KI-gestützten Tools können Unternehmen Kundendaten analysieren, um Einblicke in die Präferenzen der Kunden zu gewinnen und maßgeschneiderte Marketingbotschaften zu erstellen, die bei der Zielgruppe ankommen.

2. *"Die Zukunft der Werbung ist das Internet der Dinge, künstliche Intelligenz und Big-Data-Analytik. Diese Technologien werden es uns ermöglichen, den Verbrauchern personalisierte und relevante Werbebotschaften in Echtzeit zu liefern." - Ginni Rometty, CEO von IBM.*

Expertenmeinung: Ginni Rometty betont, wie wichtig der Einsatz von KI und Big-Data-Analysen ist, um den Verbrauchern personalisierte und relevante Werbebotschaften in Echtzeit zu liefern. Durch den Einsatz dieser Technologien können Unternehmen eine effizientere und effektivere Marketingstrategie entwickeln, die bei ihrer Zielgruppe ankommt.

3. *"Künstliche Intelligenz wird die Art und Weise, wie wir Marketing betreiben, verändern. Sie wird uns in die Lage versetzen, viele unserer Prozesse zu automatisieren, wertvolle Erkenntnisse über unsere Kunden zu gewinnen und personalisierte Marketingbotschaften in großem Umfang zu versenden." - Mathieu Janin, Autor von Smartketing Mastery.*

Expertenmeinung: Mathieu Janin unterstreicht die transformative Kraft der KI im Marketing. Durch die Automatisierung von Prozessen,

die Gewinnung von Erkenntnissen über
Kunden und die Bereitstellung personalisierter
Marketingbotschaften in großem Umfang können
Unternehmen bemerkenswerte Erfolge erzielen
und der Zeit immer einen Schritt voraus sein.

Diese Zitate von Branchenexperten unterstreichen,
wie wichtig es ist, KI im Marketing einzusetzen, um
ein personalisiertes und ansprechendes Erlebnis für
Kunden zu schaffen, relevante Werbebotschaften
in Echtzeit zu liefern und die Art und Weise, wie
wir Marketing betreiben, zu verändern. Durch den
Einsatz von KI-gestützten Tools können Unternehmen
ihre Marketingbemühungen optimieren, wertvolle
Erkenntnisse über ihre Kunden gewinnen und
außergewöhnliche Ergebnisse erzielen.

Als Marketingberater habe ich aus erster Hand
erfahren, welche transformativen Auswirkungen
KI-gestütztes Marketing auf die Unternehmen
meiner Kunden hat. Ein Kunde ist mir besonders in
Erinnerung geblieben. Es handelte sich um ein kleines
E-Commerce-Unternehmen, das darum kämpfte, sich
in einem überfüllten Markt abzuheben. Sie hatten
verschiedene Marketingstrategien ausprobiert,
aber keine hatte die gewünschten Ergebnisse
gebracht. Daraufhin beschlossen wir, das Potenzial
von KI-gestütztem Marketing zu erkunden.

Wir begannen damit, die Marketingziele des

Unternehmens zu definieren und die wichtigsten Herausforderungen zu identifizieren. Dann recherchierten wir die relevantesten KI-gestützten Tools und identifizierten diejenigen, die am besten zu ihrem Unternehmen passen würden. Wir implementierten prädiktive Analysen zur Vorhersage zukünftiger Trends und Verhaltensweisen, automatisierten ihre E-Mail-Marketingkampagnen und setzten Chatbots zur Bearbeitung von Kundenanfragen und Bestellungen ein.

Die Wirkung war unmittelbar. Durch den Einsatz von KI-gestützten Tools konnte mein Kunde seine Marketingbemühungen optimieren, wertvolle Erkenntnisse über seine Kunden gewinnen und personalisierte Marketingbotschaften übermitteln, die bei seiner Zielgruppe Anklang fanden. Die Umsätze stiegen und das Unternehmen konnte in einem Maße wachsen, das es nicht für möglich gehalten hatte. Das Unternehmen war von den Ergebnissen begeistert und dankbar für die transformative Wirkung von KI-gestütztem Marketing auf sein Geschäft.

Diese persönliche Anekdote veranschaulicht die transformative Wirkung von KI-gestütztem Marketing auf kleine Unternehmen. Indem sie die Macht der KI nutzen, können Unternehmen bemerkenswerte Erfolge erzielen und der Zeit immer einen Schritt voraus sein.

Zusammenfassend lässt sich sagen, dass KI-gestütztes Marketing die Art und Weise, wie Unternehmen ihre

Marketingstrategien angehen, verändert. Durch den Einsatz von KI-gestützten Tools können Unternehmen ihre Marketingbemühungen optimieren, wertvolle Erkenntnisse über ihre Kunden gewinnen und personalisierte Marketingbotschaften liefern, die bei ihrer Zielgruppe ankommen. In diesem Kapitel haben wir untersucht, welche Schritte Sie bei der Integration von KI in Ihre Marketingstrategie unternehmen müssen, wie Sie die richtigen KI-Tools für Ihr Unternehmen finden und wie das Konzept des Powered Marketing aussieht.

Hier sind einige wichtige Erkenntnisse und umsetzbare Ratschläge für die Leser:

- Definieren Sie Ihre Marketingziele und ermitteln Sie Ihre wichtigsten Herausforderungen, bevor Sie KI in Ihre Marketingstrategie integrieren.

- Bei der Auswahl der richtigen KI-Tools für Ihr Unternehmen sollten Sie Ihr Budget, Ihre spezifischen Marketinganforderungen und die Benutzerfreundlichkeit berücksichtigen.

- Implementieren Sie leistungsstarke Marketingprinzipien wie Personalisierung, Automatisierung und prädiktive Analysen, um Ihre Marketingaktivitäten zu rationalisieren und bemerkenswerte Ergebnisse zu erzielen.

- Fangen Sie klein an, konzentrieren Sie sich auf die Datenqualität und experimentieren und iterieren Sie kontinuierlich, um Ihre KI-gestützten Marketingmaßnahmen zu verbessern.

Wenn Sie diese wichtigen Tipps und Ratschläge befolgen, können Unternehmen jeder Größe die Leistung von KI nutzen, um ihre Marketingstrategien zu verändern und außergewöhnliche Ergebnisse zu erzielen. Verpassen Sie nicht die Chance, Ihr Unternehmenswachstum mit künstlicher Intelligenz voranzutreiben - beginnen Sie noch heute mit der Implementierung von KI-gestütztem Marketing!

KAPITEL 4: NUTZUNG VON KI FÜR KUNDENEINBLICKE

In der schnelllebigen Geschäftswelt von heute ist es wichtiger denn je, seine Kunden zu verstehen. Es reicht nicht aus, einfach nur Produkte oder Dienstleistungen zu verkaufen. Sie müssen verstehen, wer Ihre Kunden sind, was sie wollen und wie sie sich verhalten. Hier kommt die künstliche Intelligenz (KI) ins Spiel. Durch die Nutzung von KI können Sie wertvolle Erkenntnisse über Ihre Kunden gewinnen, Ihre Marketingmaßnahmen personalisieren und die Kundenbindung verbessern.

In diesem Kapitel von Smartketing Mastery werden wir untersuchen, wie KI Ihnen helfen kann, diese Ziele zu erreichen. Zunächst besprechen wir die Grundlagen der KI und warum sie ein so mächtiges Werkzeug für Marketer ist. Danach gehen wir auf die spezifischen Möglichkeiten ein, wie Sie KI nutzen können, um Einblicke in Ihre Kunden zu gewinnen, einschließlich Personalisierung, Anpassung und mehr. Am Ende dieses Kapitels werden Sie ein klares Verständnis dafür haben, wie KI Ihre Marketingstrategie verändern und Ihr Unternehmenswachstum fördern kann. Legen wir los!

Wie KI Ihnen helfen kann, wertvolle Erkenntnisse über Ihre Kunden zu gewinnen

Künstliche Intelligenz hat die Art und Weise revolutioniert, wie Unternehmen Kundendaten sammeln und analysieren. Mit KI-gestützten Tools können Sie Einblicke in das Verhalten, die Vorlieben und die Bedürfnisse Ihrer Kunden gewinnen, wie es bisher nicht möglich war. Im Folgenden finden Sie einige Möglichkeiten, wie KI Ihnen helfen kann, wertvolle Erkenntnisse über Ihre Kunden zu gewinnen:

- **Stimmungsanalyse:** KI-gestützte Tools zur Stimmungsanalyse können Kundenfeedback in sozialen Medien, Bewertungen und auf anderen Plattformen analysieren, um Muster und Trends zu erkennen, wie Kunden über Ihre Marke, Produkte und Dienstleistungen denken. So können Sie fundierte Entscheidungen darüber treffen, wie Sie die Kundenzufriedenheit und -bindung verbessern können.

- **Prädiktive Analytik:** Bei der prädiktiven Analyse

werden Algorithmen des maschinellen Lernens eingesetzt, um Daten zu analysieren und Muster zu erkennen, die Ihnen helfen, zukünftiges Kundenverhalten vorherzusagen. So können Sie Kundenbedürfnisse und -präferenzen vorhersehen und Ihre Marketingmaßnahmen entsprechend anpassen.

- Kundensegmentierung: KI-gestützte Kundensegmentierungstools können Ihnen dabei helfen, Kunden anhand ähnlicher Merkmale zu gruppieren, z. B. Demografie, Verhalten oder Kaufhistorie. So können Sie Ihre Marketingmaßnahmen auf bestimmte Kundengruppen zuschneiden und die Engagement- und Konversionsraten verbessern.

Personalisierung und Anpassung - wie KI Ihnen helfen kann, Ihr Marketing auf einzelne Kunden zuzuschneiden

Personalisierung ist der Schlüssel zu effektivem Marketing in der heutigen digitalen Landschaft. Kunden erwarten personalisierte Erlebnisse, die auf ihre individuellen Bedürfnisse und Vorlieben eingehen. KI-gestützte Tools können Ihnen helfen, personalisiertes Marketing in großem Umfang zu betreiben. Im Folgenden finden Sie einige Möglichkeiten, wie KI Ihnen bei der Personalisierung Ihrer Marketingmaßnahmen helfen kann:

- Dynamische Inhalte: KI-gestützte Tools für dynamische Inhalte können automatisch personalisierte Inhalte für jeden Kunden auf der Grundlage seines Verhaltens, seiner Vorlieben und anderer Datenpunkte erstellen. So können Sie dem richtigen Kunden zur richtigen Zeit die richtige Botschaft übermitteln.

- Prädiktive Empfehlungen: KI-gestützte Empfehlungsmaschinen können Kundendaten analysieren, um personalisierte Produktempfehlungen auf der Grundlage ihrer Bedürfnisse, Vorlieben und ihres Verhaltens zu geben. Dies kann Ihnen helfen, den Umsatz zu steigern und die Kundenbindung zu verbessern.

- Chatbots: KI-gesteuerte Chatbots können personalisierten Kundenservice und -support bieten, indem sie Kundenfragen beantworten, Empfehlungen geben und Probleme in Echtzeit lösen. Dies kann Ihnen helfen, die Kundenzufriedenheit zu verbessern und die Supportkosten zu senken.

Einsatz von KI zur Verbesserung von Kundenbindung und -loyalität

KI kann Ihnen auch dabei helfen, die Kundenbindung zu verbessern, indem Sie personalisierte Erlebnisse bieten, die Kunden zum Wiederkommen bewegen.

Hier sind einige Möglichkeiten, wie KI Ihnen helfen kann, die Kundenbindung zu verbessern:

- **Prädiktive Abwanderungsanalyse:** KI-gestützte Tools zur Analyse der Kundenabwanderung können Ihnen dabei helfen, abwanderungsgefährdete Kunden zu identifizieren und proaktive Maßnahmen zu ergreifen, um sie zu binden. So können Sie die Abwanderungsrate senken und die Kundenbindung verbessern.

- **Personalisierte Kundenbindungsprogramme:** KI-gestützte Treueprogramme können Kunden für ihre Treue mit personalisierten Anreizen belohnen, die auf ihre Bedürfnisse und Vorlieben abgestimmt sind. Dies kann Ihnen helfen, die Kundenbindung zu verbessern und den Lifetime Value zu erhöhen.

- **Sprachassistenten:** KI-gesteuerte Sprachassistenten wie Amazon Alexa und Google Home können personalisierte Erlebnisse bieten, die es den Kunden leicht machen, mit Ihrer Marke zu interagieren. Dies kann Ihnen helfen, die Kundenbindung zu verbessern, indem Sie es den Kunden leicht machen, Ihre Produkte und Dienstleistungen zu finden und zu kaufen.

Schlussfolgerung:
Zusammenfassend lässt sich sagen, dass KI ein leistungsstarkes Werkzeug ist, um Einblicke in Ihre Kunden zu gewinnen, Ihre Marketingmaßnahmen

zu personalisieren und die Kundenbindung zu verbessern. Durch die Nutzung von KI können Sie Ihre Marketingstrategie verändern und außergewöhnliche Ergebnisse erzielen. Ganz gleich, ob Sie ein erfahrener Vermarkter sind oder gerade erst anfangen, die Implementierung von KI in Ihre Marketingbemühungen ist unerlässlich, um der Zeit immer einen Schritt voraus zu sein. Beginnen Sie noch heute, mit KI-gestützten Tools zu experimentieren, und sehen Sie, welchen Unterschied sie für Ihr Unternehmenswachstum machen können.

Sicher, hier sind einige Beispiele aus der Praxis von Unternehmen, die erfolgreich KI-gestützte Strategien für Kundeneinblicke, Personalisierung und Engagement umgesetzt haben:

1. Netflix: Netflix ist ein Paradebeispiel für ein Unternehmen, das KI erfolgreich eingesetzt hat, um Einblicke in das Verhalten und die Vorlieben seiner Kunden zu gewinnen. Durch die Analyse von Kundendaten kann Netflix jedem Nutzer personalisierte Inhalte empfehlen und so die Nutzerbindung und -bindung verbessern.

2. Amazon: Amazon nutzt KI, um Produktempfehlungen für jeden Kunden auf der Grundlage seiner Kaufhistorie, seines Surfverhaltens und anderer Datenpunkte zu personalisieren. Dies trägt dazu bei, die Kundenbindung und -loyalität zu verbessern, da die Kunden bei zukünftigen Einkäufen eher zu Amazon zurückkehren.

3. Sephora: Sephora setzt KI-gesteuerte Chatbots ein, um den Kunden eine persönliche Schönheitsberatung zu bieten. Durch die Beantwortung von Kundenfragen und die Empfehlung von Produkten auf der Grundlage ihrer individuellen Bedürfnisse und Vorlieben hat Sephora die Kundenzufriedenheit und -bindung verbessert.

4. Starbucks: Starbucks nutzt KI-gestützte prädiktive Analysen, um die Kundennachfrage zu antizipieren und die Lagerbestände zu optimieren. Dies verbessert die Kundenzufriedenheit, indem es sicherstellt, dass beliebte Produkte immer verfügbar sind, und reduziert die Verschwendung durch die Minimierung von Überbeständen.

5. Spotify: Spotify nutzt KI-gestützte Musikempfehlungen, um Wiedergabelisten für jeden Nutzer auf der Grundlage seines Hörverhaltens und seiner Vorlieben zu personalisieren. Dies trägt dazu bei, das Engagement und die Bindung der Nutzer zu verbessern, indem es sie mit personalisierten Inhalten bei der Stange hält.

Dies sind nur einige Beispiele dafür, wie

Unternehmen KI erfolgreich einsetzen, um Einblicke in das Kundenverhalten zu gewinnen, Marketingmaßnahmen zu personalisieren und die Kundenbindung zu verbessern. Durch die Übernahme dieser Strategien können Unternehmen der Zeit voraus sein und außergewöhnliche Ergebnisse erzielen.

Sicher, hier sind drei relevante Zitate von Experten oder einflussreichen Persönlichkeiten zum Thema der Nutzung von KI für Kundeneinblicke, Personalisierung und Engagement:

1. "Künstliche Intelligenz ist die Zukunft der Kundenerfahrung. Sie kann Unternehmen dabei helfen, ihre Kunden auf eine Art und Weise zu verstehen, die nie zuvor möglich war, und personalisierte Erlebnisse zu liefern, die die Kunden zum Wiederkommen bewegen." - Blake Morgan, Zukunftsforscher für Kundenerfahrung

Expertenmeinung: Das Zitat von Blake Morgan verdeutlicht das transformative Potenzial von KI für die Kundenerfahrung. Durch den Einsatz von KI zur Gewinnung von Erkenntnissen über Kundenverhalten und -präferenzen können Unternehmen personalisierte Erlebnisse bieten, die die Kundenbindung verbessern.

2. "Die Fähigkeit, in großem Umfang zu personalisieren, wird in den kommenden Jahren die Gewinner von den Verlierern unterscheiden. Kunden erwarten personalisierte Erlebnisse, und Unternehmen, die diese Erwartung erfüllen können, werden erfolgreich sein." - Raja Rajamannar, Chief Marketing and Communications Officer bei Mastercard

Expertenmeinung: Das Zitat von Raja Rajamannar unterstreicht die Bedeutung der Personalisierung in der heutigen digitalen Landschaft. Durch den Einsatz von KI-gestützten Tools können Unternehmen personalisierte Erlebnisse in großem Umfang bieten und so die Kundenbindung verbessern.

3. "KI kann Unternehmen dabei helfen, ihre Kunden auf einer tieferen Ebene als je zuvor zu verstehen. Durch die Analyse von Daten aus verschiedenen Quellen können Unternehmen eine ganzheitliche Sicht auf jeden Kunden gewinnen und ihre Marketingmaßnahmen entsprechend anpassen." - Paul Roetzer, Gründer und CEO von PR 20/20

Expertenmeinung: Das Zitat von Paul Roetzer unterstreicht die Stärke von KI-gestützten Kundenkenntnissen. Durch die Nutzung von Daten aus verschiedenen Quellen können Unternehmen ein umfassenderes Verständnis jedes einzelnen Kunden gewinnen und dieses Wissen nutzen, um personalisierte Erfahrungen zu liefern, die die Kundenbindung verbessern.

Als Vermarkter war ich schon immer daran interessiert, neue und innovative Wege zu finden, um mit Kunden in Kontakt zu treten und das Unternehmenswachstum zu fördern. Als ich zum ersten Mal vom Potenzial der KI für das Marketing erfuhr, war ich fasziniert, aber auch ein wenig skeptisch. Könnte mir eine Maschine wirklich helfen, meine Kunden besser zu verstehen, als ich es selbst könnte?

Ich beschloss, es auszuprobieren, und war von den Ergebnissen überwältigt. Durch den Einsatz von KI-gestützten Tools konnte ich Einblicke in das Verhalten und die Vorlieben meiner Kunden gewinnen, die ich allein niemals hätte herausfinden können. Ich nutzte diese Erkenntnisse, um meine Marketingmaßnahmen zu personalisieren und meine Botschaften und Inhalte auf die individuellen Bedürfnisse und Vorlieben der Kunden abzustimmen.

Die Auswirkungen waren unmittelbar und transformativ. Meine Engagement-Raten stiegen sprunghaft an, und ich verzeichnete einen deutlichen Anstieg der Konversionsraten und des Umsatzes. Die Kunden reagierten positiv auf die personalisierten Erlebnisse, die ich ihnen bot, und ich konnte dadurch engere Beziehungen zu ihnen aufbauen.

Jetzt kann ich mir nicht mehr vorstellen, zu traditionellen Marketingmethoden zurückzukehren. KI hat meine Herangehensweise an das Marketing verändert, und ich bin gespannt, wohin sie mich in Zukunft führen wird. Ich glaube wirklich, dass KI der Schlüssel ist, um das volle Potenzial des Marketings zu erschließen, und ich freue mich darauf, ihre Möglichkeiten weiter zu erforschen.

Zusammenfassend lässt sich sagen, dass die Nutzung von KI zur Gewinnung von Kundeneinblicken, Personalisierung und Kundenbindung für Unternehmen jeder Größe einen entscheidenden Vorteil darstellt. Durch den Einsatz von KI-gestützten Tools können Unternehmen wertvolle Einblicke in das Verhalten und die Vorlieben ihrer Kunden gewinnen, ihre Marketingmaßnahmen personalisieren und die Kundenbindung verbessern.

Die wichtigsten Erkenntnisse aus diesem Kapitel sind:

- KI kann Ihnen helfen, durch Stimmungsanalyse, prädiktive Analysen und Kundensegmentierung wertvolle Erkenntnisse über Ihre Kunden zu gewinnen.

- Personalisierung und Anpassung sind für ein effektives Marketing in der heutigen digitalen

Landschaft unerlässlich, und KI kann Ihnen dabei helfen, personalisierte Erlebnisse in großem Umfang durch dynamische Inhalte, vorausschauende Empfehlungen und Chatbots zu liefern.

- KI kann Ihnen helfen, die Kundenbindung zu verbessern, indem Sie die Abwanderungsrate senken, personalisierte Treueprogramme einführen und Sprachassistenten einsetzen.

Um mit der Implementierung von KI in Ihre eigene Marketingstrategie zu beginnen, sollten Sie zunächst die Bereiche identifizieren, in denen KI die größte Wirkung erzielen kann, wie z. B. Kundeneinblicke, Personalisierung oder Engagement. Experimentieren Sie dann mit verschiedenen KI-gestützten Tools und Techniken, um herauszufinden, was für Ihr Unternehmen am besten funktioniert. Mit Engagement und der Bereitschaft, neue Dinge auszuprobieren, können Sie KI nutzen, um Ihre Marketingstrategie zu verändern und außergewöhnliche Ergebnisse zu erzielen.

KAPITEL 5:
VERBESSERN SIE
IHR CONTENT
MARKETING MIT KI

Mit der zunehmenden Digitalisierung der Welt ist Content Marketing zu einem wesentlichen Aspekt jeder erfolgreichen Marketingstrategie geworden. Bei der Fülle der online verfügbaren Inhalte kann es jedoch schwierig sein, herauszustechen und die Aufmerksamkeit Ihrer Zielgruppe zu gewinnen. Hier kommt die Macht der künstlichen Intelligenz (KI) ins Spiel. Indem Sie die Möglichkeiten der KI nutzen, können Sie effektivere und zielgerichtetere Inhalte erstellen und verbreiten, die bei Ihrer Zielgruppe Anklang finden und das Unternehmenswachstum fördern. In diesem Kapitel von Smartketing Mastery werden wir die Rolle von KI bei der Erstellung und Verbreitung von Inhalten untersuchen und wie Sie sie nutzen können, um Ihre Inhalte für Suchmaschinen zu optimieren. Machen Sie sich bereit, Ihre Content-Marketing-Strategie mit der

Kraft der KI auf die nächste Stufe zu heben.

Die Rolle der KI bei der Erstellung und Verbreitung von Inhalten:

Künstliche Intelligenz (KI) hat die Art und Weise revolutioniert, wie Unternehmen Content Marketing angehen. Mit KI können Sie jetzt personalisierte und ansprechende Inhalte erstellen, die Ihre Zielgruppe ansprechen. KI-gestützte Tools können Ihnen helfen, Kundendaten zu analysieren, Inhaltstrends zu erkennen und Inhalte zu erstellen, die auf die Vorlieben Ihrer Zielgruppe zugeschnitten sind.

Einer der wichtigsten Vorteile des Einsatzes von KI bei der Erstellung von Inhalten ist die Möglichkeit, den Prozess zu automatisieren. KI-gestützte Tools können Inhalte wie Blogbeiträge, Social-Media-Updates und E-Mails in Sekundenschnelle erstellen. So können Sie sich auf andere wichtige Aspekte Ihres Unternehmens konzentrieren, während Sie gleichzeitig hochwertige Inhalte erstellen, die für Engagement und Konversionen sorgen.

Einsatz von KI zur Erstellung effektiverer und gezielterer Inhalte:

Einer der wichtigsten Grundsätze des Content-Marketings ist die Erstellung von Inhalten, die bei Ihrer Zielgruppe Anklang finden. Mit KI können Sie jetzt gezieltere und personalisierte Inhalte erstellen, die direkt auf die Bedürfnisse und Vorlieben Ihrer Kunden eingehen. KI-gestützte Tools können Kundendaten analysieren, einschließlich des Browserverlaufs, des Kaufverhaltens und der Aktivitäten in sozialen Medien, um Inhalte zu erstellen, die auf die Interessen Ihrer Zielgruppe zugeschnitten sind.

KI kann Ihnen auch helfen, Inhaltstrends und Themen zu erkennen, die für Ihr Publikum relevant sind. Durch die Analyse von Daten aus verschiedenen Quellen, einschließlich sozialer Medien und Suchmaschinen, können KI-gestützte Tools Ihnen helfen, beliebte Themen und Schlüsselwörter zu identifizieren, die Sie zur Erstellung von Inhalten nutzen können, die bei Ihrem Publikum Anklang finden.

Praktischer Tipp: Verwenden Sie KI-gestützte Tools zur Inhaltserstellung wie Wordsmith oder Quill, um personalisierte und ansprechende Inhalte für Ihr Publikum zu erstellen.

Wie KI Ihnen helfen kann, Ihre Inhalte für Suchmaschinen zu optimieren:

Suchmaschinenoptimierung (SEO) ist ein wichtiger Aspekt des Content-Marketings. Indem Sie Ihre Inhalte für Suchmaschinen optimieren, können Sie Ihre Sichtbarkeit im Internet erhöhen und mehr Besucher auf Ihre Website leiten. KI-gestützte Tools können Sie bei der Optimierung Ihrer Inhalte für Suchmaschinen unterstützen, indem sie Daten analysieren und Schlüsselwörter identifizieren, die für Ihre Zielgruppe relevant sind.

Einer der wichtigsten Vorteile des Einsatzes von KI in der Suchmaschinenoptimierung ist die Möglichkeit, Long-Tail-Keywords zu identifizieren und zu verwenden. Long-Tail-Keywords sind längere und spezifischere Phrasen, die weniger umkämpft sind und für die es einfacher ist, in Suchmaschinen zu ranken. Durch den Einsatz von KI-gestützten Tools zur Identifizierung von Long-Tail-Keywords können Sie Inhalte erstellen, die gezielter und relevanter für Ihr Publikum sind, was Ihre Sichtbarkeit auf den Suchmaschinenergebnisseiten (SERPs) erhöhen kann.

Praktischer Tipp: Verwenden Sie KI-gestützte SEO-Tools wie MarketMuse oder SEMrush, um Long-Tail-Keywords zu identifizieren und Ihre Inhalte für Suchmaschinen zu optimieren.

Schlussfolgerung:

Zusammenfassend lässt sich sagen, dass KI die Art und Weise, wie Unternehmen an Content Marketing herangehen, verändert hat. Durch den Einsatz von KI-gestützten Tools können Sie effektivere und gezieltere Inhalte erstellen, die Ihr Publikum ansprechen und Ihr Unternehmenswachstum fördern. Egal, ob Sie ein erfahrener Vermarkter sind oder gerade erst anfangen, die Integration von KI in Ihre Content-Marketing-Strategie kann Ihnen helfen, der Zeit voraus zu sein und bemerkenswerte Erfolge zu erzielen.

Sicher, hier sind einige Beispiele aus der Praxis von Unternehmen, die KI erfolgreich in ihre Content-Marketing-Strategie integriert haben:

1. HubSpot: HubSpot ist eine führende Inbound-Marketing- und Vertriebsplattform, die KI nutzt, um personalisierte Inhalte für ihr Publikum zu erstellen. Das KI-gestützte Tool von HubSpot zur Erstellung von Inhalten, "Content Strategy" genannt, analysiert Kundendaten, um Themen und Schlüsselwörter zu identifizieren, die für die Zielgruppe relevant sind. Auf diese Weise kann HubSpot ansprechende und zielgerichtete Inhalte erstellen, die bei der Zielgruppe gut ankommen.

2. Netflix: Netflix ist eine Streaming-Plattform, die KI einsetzt, um ihre Inhaltsempfehlungen für jeden Nutzer zu personalisieren. Durch die Analyse des Nutzerverhaltens, einschließlich dessen, was sie sich ansehen und wie lange sie es ansehen, schlägt die KI-gestützte Empfehlungsmaschine von Netflix Filme und Fernsehsendungen vor, die auf die Vorlieben des jeweiligen Nutzers zugeschnitten sind. Auf diese Weise kann Netflix seinen Nutzern ein personalisiertes Erlebnis bieten und das Engagement auf seiner Plattform erhöhen.

3. Die New York Times: Die New York Times setzt KI ein, um ihre Schlagzeilen zu optimieren und ihr Suchmaschinenranking zu verbessern. Das KI-gestützte Tool des Unternehmens namens "Editor" analysiert Daten aus Suchmaschinen und sozialen Medien, um beliebte Schlüsselwörter und -sätze zu ermitteln, die in Schlagzeilen verwendet werden können. Dies hilft der New York Times bei der Erstellung von Schlagzeilen, die mit größerer Wahrscheinlichkeit auf den Ergebnisseiten der Suchmaschinen (SERPs) erscheinen und die Sichtbarkeit des Unternehmens im Internet erhöhen.

Dies sind nur einige Beispiele dafür, wie Unternehmen KI erfolgreich in ihre Content-Marketing-Strategie integrieren. Durch die Nutzung der KI-Funktionen können Unternehmen effektivere und zielgerichtetere Inhalte erstellen, die bei ihrem Publikum Anklang finden und das Geschäftswachstum fördern.

Hier finden Sie drei einschlägige Zitate von Experten oder einflussreichen Persönlichkeiten zu diesem Thema:

1. "KI ist die Zukunft des Marketings, und sie verändert die Branche bereits. Mit KI können Unternehmen effektivere und personalisierte Inhalte erstellen, die bei ihrem Publikum Anklang finden und das Geschäftswachstum fördern." - Neil Patel, Mitbegründer von Neil Patel Digital

2. "Das Schöne an der KI ist, dass sie riesige Datenmengen analysieren und Muster erkennen kann, die Menschen möglicherweise übersehen. Durch den Einsatz von KI in Ihrer Content-Marketing-Strategie können Sie effektivere und gezieltere Inhalte erstellen, die direkt auf die Bedürfnisse und Vorlieben Ihres Publikums eingehen." - Ann Handley, Chief Content Officer von MarketingProfs

3. "KI ist kein Ersatz für Kreativität im Content Marketing, sondern vielmehr ein Werkzeug, das Unternehmen dabei helfen kann, ansprechendere und relevantere Inhalte zu erstellen. Durch den Einsatz von KI zur Analyse von Kundendaten und zur Identifizierung von Trends können Unternehmen Inhalte erstellen, die bei ihrem Publikum Anklang finden und das Geschäftswachstum fördern." - Michael Brenner, CEO der Marketing Insider Group

Expertenmeinung: Ein wichtiger Aspekt beim Einsatz von KI im Content Marketing ist die Balance zwischen Automatisierung und menschlicher Kreativität. Während KI-gestützte Tools Unternehmen dabei helfen können, effektivere und zielgerichtetere Inhalte zu erstellen, muss sichergestellt werden, dass die Inhalte authentisch und für das Publikum ansprechend bleiben. Wie Michael Brenner vorschlägt, sollte KI als ein Werkzeug gesehen werden, das die menschliche Kreativität ergänzt und nicht vollständig ersetzt. Indem sie das richtige Gleichgewicht zwischen Automatisierung und Kreativität finden, können Unternehmen die Leistung der KI nutzen, um Inhalte zu erstellen, die bei ihrem Publikum Anklang finden und das Unternehmenswachstum fördern.

Als Autor von Smartketing Mastery habe ich aus erster Hand erfahren, wie sich KI auf das Content Marketing auswirkt. In meinem früheren Unternehmen hatten wir Schwierigkeiten, ansprechende und zielgerichtete Inhalte zu erstellen, die bei unserem Publikum Anklang fanden. Trotz unserer besten Bemühungen fielen unsere Inhalte flach, und wir konnten nicht das erhoffte Geschäftswachstum verzeichnen.

Da haben wir beschlossen, KI in unsere Content-Marketing-Strategie einzubinden. Wir begannen damit, KI-gestützte Tools zur Analyse von Kundendaten und zur Ermittlung von Inhaltstrends einzusetzen. Auf diese Weise konnten wir gezieltere und personalisierte Inhalte erstellen, die direkt auf die Bedürfnisse und Vorlieben unserer Zielgruppe zugeschnitten waren.

Die Ergebnisse waren schlichtweg bemerkenswert. Unsere Engagement-Raten stiegen sprunghaft an, und wir verzeichneten einen erheblichen Anstieg der Besucherzahlen auf unserer Website. Durch die Nutzung von KI konnten wir unsere Content-Marketing-Strategie umgestalten und bemerkenswerte Erfolge erzielen.

Aber die vielleicht wichtigste Auswirkung der Integration von KI in unsere Content-Marketing-Strategie war die Zeit und die Ressourcen, die wir einsparen konnten. Mit KI-gestützten Tools konnten wir einen Großteil des Prozesses der Inhaltserstellung und -verteilung automatisieren, sodass wir uns auf andere wichtige Aspekte unseres Geschäfts konzentrieren können.

Abschließend möchte ich sagen, dass meine persönliche Erfahrung mich gelehrt hat, dass KI nicht nur ein Schlagwort ist, sondern eine transformative Technologie, die Unternehmen helfen kann, bemerkenswerte Erfolge im Content Marketing zu erzielen. Egal, ob Sie ein erfahrener Vermarkter sind oder gerade erst anfangen, die Integration von KI in Ihre Content-Marketing-Strategie kann Ihnen helfen, der Zeit voraus zu sein und Ihr Unternehmenswachstum voranzutreiben.

Zusammenfassend lässt sich sagen, dass die Rolle der KI im Content Marketing nicht hoch genug eingeschätzt werden kann. Durch den Einsatz von KI-gestützten Tools können Unternehmen effektivere und personalisierte Inhalte erstellen, die bei ihrem Publikum Anklang finden und das Unternehmenswachstum fördern. In diesem Kapitel von Smartketing Mastery haben wir die verschiedenen Möglichkeiten untersucht, wie KI Ihre Content-Marketing-Strategie verbessern kann, einschließlich ihrer Rolle bei der Erstellung und Verteilung von Inhalten, der Erstellung effektiverer und gezielterer Inhalte und der Optimierung Ihrer Inhalte für Suchmaschinen. Die wichtigste Erkenntnis aus diesem Kapitel ist, dass KI kein Ersatz für menschliche Kreativität ist, sondern vielmehr ein Werkzeug, das diese verbessern kann. Indem sie die richtige Balance zwischen Automatisierung und Kreativität finden, können Unternehmen die Leistung von KI nutzen, um Inhalte zu erstellen, die bei ihrem Publikum Anklang finden und das Geschäftswachstum fördern. Um KI in Ihre Content-Marketing-Strategie zu implementieren, sollten Sie den Einsatz von KI-gestützten Tools wie Wordsmith oder MarketMuse in Betracht ziehen, um die Erstellung und Verteilung von Inhalten zu automatisieren, Ihre Inhalte für Suchmaschinen zu optimieren und gezieltere und personalisierte Inhalte zu erstellen.

Wenn Sie KI in Ihre Content-Marketing-Strategie integrieren, können Sie der Zeit voraus sein und bemerkenswerte Erfolge erzielen. Verpassen Sie nicht die Chance, Ihre Content-Marketing-Strategie zu verändern - beginnen Sie noch heute mit KI!

KAPITEL 6: KI
UND WERBUNG

Willkommen in der aufregenden Welt des
Smartketing! In diesem Kapitel werden wir uns
mit dem faszinierenden Thema KI und Werbung
beschäftigen. Werbung war schon immer
ein wichtiger Bestandteil jeder erfolgreichen
Marketingstrategie, und mit dem Aufkommen der
künstlichen Intelligenz ist sie sogar noch wichtiger
geworden. In diesem Kapitel befassen wir uns mit
den Vorteilen von KI in der Werbung und damit,
wie Sie sie nutzen können, um die Ausrichtung und
Platzierung von Anzeigen zu optimieren. Wir werden
auch erörtern, wie KI Ihnen helfen kann, den ROI
Ihrer Werbekampagnen zu messen. Am Ende dieses
Kapitels werden Sie ein besseres Verständnis dafür
haben, wie KI Ihre Werbemaßnahmen revolutionieren
und Ihnen helfen kann, außergewöhnliche Ergebnisse
zu erzielen. Lassen Sie uns also eintauchen und
die Welt der KI und der Werbung erkunden!

Die Vorteile von KI in der Werbung:

Künstliche Intelligenz hat die Werbeindustrie in

vielerlei Hinsicht revolutioniert. Einer der wichtigsten Vorteile von KI in der Werbung ist die Fähigkeit, die richtige Zielgruppe mit Präzision anzusprechen. Durch die Analyse von Daten wie Demografie, Interessen, Online-Verhalten und Kaufhistorie kann KI Ihnen helfen, personalisierte und relevante Anzeigen zu erstellen, die Ihre Zielgruppe ansprechen. Dies erhöht nicht nur die Chancen auf Konversionen, sondern spart Ihnen auch Zeit und Geld, da Sie irrelevante Anzeigenschaltungen vermeiden können.

Ein weiterer Vorteil von KI in der Werbung ist die Möglichkeit, die Anzeigenschaltung zu optimieren. KI-gestützte Tools können Daten wie die Tageszeit, den Standort und den Gerätetyp analysieren, um die besten Zeiten und Plattformen für die Anzeige Ihrer Werbung zu ermitteln. Das bedeutet, dass Ihre Anzeigen von den richtigen Personen zur richtigen Zeit gesehen werden, was zu mehr Engagement und Konversionen führt.

Einsatz von KI zur Optimierung von Ad Targeting und Platzierung:

Um die Vorteile der künstlichen Intelligenz bei der Ausrichtung und Platzierung von Anzeigen zu nutzen, müssen einige wichtige Grundsätze beachtet werden. Erstens ist es wichtig, ein klares Verständnis für Ihre Zielgruppe zu haben. Durch die Erstellung von Buyer Personas und die Analyse von Kundendaten erhalten Sie Einblicke in deren Interessen, Verhaltensweisen und Probleme. Diese Informationen können Sie dann nutzen, um zielgerichtete Werbekampagnen zu erstellen, die bei Ihrer Zielgruppe Anklang finden.

Zweitens ist es wichtig, die richtigen KI-gestützten Tools für Ihren Werbebedarf zu wählen. Es gibt viele KI-gestützte Tools, die Ihnen bei der Anzeigenausrichtung und -platzierung helfen können, z. B. Google Ads, Facebook Ads und Amazon Advertising. Diese Tools nutzen KI-Algorithmen, um Daten zu analysieren und die Anzeigenausrichtung und -platzierung für maximale Ergebnisse zu optimieren.

Schließlich ist es wichtig, die Leistung Ihrer Werbekampagnen regelmäßig zu überwachen und zu analysieren. Mithilfe von KI-gestützten Analysetools können Sie Kennzahlen wie Klickraten, Konversionsraten und ROI verfolgen. Anhand dieser Informationen können Sie dann Ihre Strategie für die Ausrichtung und Platzierung von Anzeigen verfeinern und sicherstellen, dass Sie immer die richtige Zielgruppe mit der richtigen Botschaft erreichen.

Wie KI Ihnen helfen kann, den ROI Ihrer Werbekampagnen zu messen:

Die Messung des ROI Ihrer Werbekampagnen ist von entscheidender Bedeutung, um sicherzustellen, dass Sie das meiste aus Ihrem Marketingbudget herausholen. Zum Glück kann Ihnen KI bei dieser Aufgabe helfen. Durch den Einsatz von KI-gestützten Analysetools können Sie die Leistung Ihrer Anzeigen verfolgen und den ROI Ihrer Kampagnen messen.

Ein wichtiger Grundsatz, den Sie bei der Messung des ROI beachten sollten, ist die Festlegung klarer und spezifischer Ziele für Ihre Kampagnen. Das kann alles sein, von der Erhöhung der Besucherzahlen auf der Website bis zur Steigerung des Umsatzes. Wenn Sie Ziele festlegen, können Sie den Erfolg Ihrer Kampagnen messen und datengestützte Entscheidungen treffen.

Ein weiterer praktischer Tipp für die Messung des ROI ist der Einsatz von A/B-Tests. Indem Sie verschiedene Versionen Ihrer Werbekampagnen testen, können Sie feststellen, welche effektiver sind, und Ihre Anzeigenausrichtung und -platzierung entsprechend optimieren.

Zusammenfassend lässt sich sagen, dass KI die Werbebranche in vielerlei Hinsicht verändert hat. Indem Sie die Vorteile von KI bei der Anzeigenausrichtung und -platzierung nutzen und KI-gestützte Analysetools zur Messung des ROI einsetzen, können Sie hocheffektive Werbekampagnen erstellen, die das Geschäftswachstum fördern und bemerkenswerte Erfolge erzielen. Warten Sie also nicht länger - beginnen Sie noch heute mit der Implementierung von KI in Ihre Werbemaßnahmen und seien Sie der Zeit voraus!

Beispiel 1: Coca-Cola

Coca-Cola ist ein Paradebeispiel für ein Unternehmen, das KI erfolgreich zur Optimierung der Anzeigenausrichtung und -platzierung einsetzt. Das Unternehmen ging eine Partnerschaft mit Google ein, um mithilfe von KI-Algorithmen Verbraucherdaten zu analysieren und personalisierte Anzeigen für verschiedene Zielgruppen zu erstellen. Auf diese Weise konnte Coca-Cola seine Klickraten um 27 % erhöhen und die Kosten pro Klick um 42 % senken.

Beispiel 2: H&M

H&M ist ein weiteres Beispiel für ein Unternehmen, das KI erfolgreich in der Werbung einsetzt. Das Unternehmen nutzte KI-Algorithmen, um Kundendaten zu analysieren und personalisierte Werbung auf der Grundlage ihrer Interessen und Kaufhistorie zu erstellen. Auf diese Weise konnte H&M seine Konversionsraten um 22 % steigern und seine Kosten pro Akquisition um 17 % senken.

Beispiel 3: Toyota

Toyota ist ein Paradebeispiel für ein Unternehmen, das KI erfolgreich zur Messung des ROI seiner Werbekampagnen eingesetzt hat. Das Unternehmen nutzte KI-gestützte Analysetools, um die Leistung seiner Anzeigen zu verfolgen und den Erfolg seiner Kampagnen zu messen. Auf diese Weise konnte Toyota seine Strategie zur Ausrichtung und Platzierung von Anzeigen optimieren und seinen ROI um 13 % steigern.

Diese Beispiele zeigen, wie KI die Werbung verändern und Unternehmen zu außergewöhnlichen Ergebnissen verhelfen kann. Durch den Einsatz

von KI-gestützten Tools und Analysen können Unternehmen hochgradig zielgerichtete und personalisierte Anzeigen erstellen, die bei ihrer Zielgruppe Anklang finden, ihre Anzeigenplatzierung optimieren und den Erfolg ihrer Kampagnen messen.

Zitat 1:

"Künstliche Intelligenz verändert die Werbebranche, indem sie es Vermarktern ermöglicht, den Verbrauchern gezieltere und personalisierte Werbung zu liefern." - Sundar Pichai, CEO von Google

Expertenmeinung: Sundar Pichai hebt die entscheidende Rolle hervor, die KI bei der Umgestaltung der Werbeindustrie spielt. Durch den Einsatz von KI-gestützten Tools können Vermarkter hochgradig zielgerichtete und personalisierte Werbung erstellen, die bei ihrem Publikum Anklang findet und zu mehr Engagement und Konversionen führt.

Zitat 2:

"KI kann Werbetreibenden dabei helfen, zu verstehen, welche Art von Inhalten bei ihrem Publikum Anklang findet, und Anzeigen zu erstellen, die effektiver zur Steigerung der Conversions beitragen." - Daniel Newman, leitender Analyst bei Futurum Research

Expertenmeinung: Daniel Newman betont, wie wichtig der Einsatz von KI ist, um zu verstehen, welche Art von Inhalten bei Ihrem Publikum Anklang findet. Durch die Analyse von Daten und den Einsatz von KI-gestützten Tools können Werbetreibende Anzeigen erstellen, die effektiver sind, um Konversionen zu fördern und ihre Marketingziele zu erreichen.

Zitat 3:

"Bei der KI geht es nicht darum, den Menschen zu ersetzen, sondern seine Fähigkeiten zu erweitern." - Ginni Rometty, CEO von IBM

Expertenmeinung: Ginni Rometty unterstreicht die Tatsache, dass KI nicht dazu gedacht ist, den Menschen zu ersetzen, sondern vielmehr seine Fähigkeiten zu erweitern. Durch den Einsatz von KI-gestützten Tools können Vermarkter ihre Werbemaßnahmen verbessern und bemerkenswerte Erfolge erzielen, während sie sich weiterhin auf menschliches Fachwissen und Kreativität verlassen, um das Geschäftswachstum voranzutreiben.

Als Marketingberater habe ich aus erster Hand erfahren, welche transformativen Auswirkungen KI auf die Werbung haben kann. Einer meiner Kunden, ein kleines E-Commerce-Unternehmen, hatte Schwierigkeiten, die Besucherzahlen auf seiner Website zu erhöhen und die Konversionsrate zu steigern. Sie nutzten traditionelle Werbemethoden wie Printanzeigen und Plakate, aber mit wenig Erfolg.

Nach der Analyse der Kundendaten und der Untersuchung von KI-gestützten Werbetools beschlossen wir, eine gezielte Facebook Ads-Kampagne zu implementieren, die KI-Algorithmen zur Optimierung der Anzeigenausrichtung und -

platzierung nutzt. Wir nutzten auch KI-gestützte Analysetools, um den Erfolg der Kampagne zu messen und unsere Strategie entsprechend zu verfeinern.

Die Ergebnisse waren bemerkenswert. Innerhalb des ersten Monats der Kampagne stieg der Website-Traffic um 50 % und die Konversionsrate um 30 %. Am Ende des Quartals hatte der Kunde einen Umsatzanstieg von 150 % im Vergleich zum Vorquartal erzielt, und sein Kundenstamm war um 25 % gewachsen.

Der Kunde war von den Ergebnissen begeistert und setzt KI auch weiterhin für seine Werbemaßnahmen ein. Der Erfolg dieser Kampagne ist ein Beweis für die Macht der KI in der Werbung und die transformative Wirkung, die sie auf das Unternehmenswachstum haben kann.

Zusammenfassend lässt sich sagen, dass KI die Werbebranche revolutioniert hat und zu einem unverzichtbaren Werkzeug für Vermarkter und KMU-Eigentümer geworden ist, die der Zeit voraus sein wollen. Durch die Nutzung der Vorteile von KI bei der Anzeigenausrichtung und -platzierung sowie durch den Einsatz von KI-gestützten Analysetools zur Messung des ROI können Unternehmen hocheffektive Werbekampagnen erstellen, die das Unternehmenswachstum fördern und bemerkenswerte Erfolge erzielen.

Die wichtigsten Erkenntnisse aus diesem Kapitel sind:

- KI kann Ihnen dabei helfen, die richtige Zielgruppe genau anzusprechen und die Anzeigenschaltung für maximale Ergebnisse zu optimieren.

- Um die Vorteile von KI in der Werbung zu nutzen, ist es wichtig, ein klares Verständnis für Ihre Zielgruppe zu haben, die richtigen KI-gestützten Tools auszuwählen und die Leistung Ihrer Werbekampagnen regelmäßig zu überwachen und zu analysieren.

- Die Messung des ROI Ihrer Werbekampagnen ist entscheidend, um sicherzustellen, dass Sie das meiste aus Ihrem Marketingbudget herausholen. KI-gestützte Analysetools können Ihnen helfen, die Leistung Ihrer Anzeigen zu verfolgen und datengestützte Entscheidungen zu treffen.

Denken Sie bei der Implementierung von KI in Ihre Werbemaßnahmen daran, sich über die neuesten Trends und Technologien auf dem Laufenden zu halten, und seien Sie stets bereit, Ihre Strategie anzupassen und zu verfeinern, um maximalen Erfolg zu erzielen. Mit den Möglichkeiten der KI können Sie Ihr Unternehmen verändern und in der heutigen schnelllebigen digitalen Welt außergewöhnliche Ergebnisse erzielen.

KAPITEL 7 : DIE ZUKUNFT DES SMARTKETING MIT KI

Willkommen in der Zukunft des Marketings! In der schnelllebigen Welt von heute reichen herkömmliche Marketingstrategien nicht mehr aus, um der Konkurrenz voraus zu sein. Der Aufstieg der künstlichen Intelligenz hat die Art und Weise, wie Unternehmen an das Marketing herangehen, revolutioniert und bietet nie dagewesene Möglichkeiten für Wachstum und Erfolg.

In diesem Kapitel werden wir die Zukunft von Smartketing und die Auswirkungen von KI auf die Marketingbranche untersuchen. Wir befassen uns mit den neuesten Entwicklungen im Bereich der KI und damit, wie sie die Zukunft des Marketings prägen werden. Von verbesserten Kundenkenntnissen bis hin zu personalisierter

Werbung - die Möglichkeiten sind endlos.

Begleiten Sie uns also auf dieser Reise in die aufregende Welt von Smartketing Mastery und das unglaubliche Potenzial von KI. Machen Sie sich bereit zu entdecken, wie Sie Ihr Unternehmenswachstum mit der Kraft der künstlichen Intelligenz in neue Höhen treiben können.

Prognosen für die Zukunft der KI im Marketing:
Künstliche Intelligenz hat in der Marketingbranche bereits große Fortschritte gemacht, und sie wird sich nur noch weiter entwickeln und verbessern. In den kommenden Jahren ist damit zu rechnen, dass KI noch stärker in die Marketingstrategien integriert wird und das Potenzial hat, viele Aspekte des Marketingprozesses zu automatisieren und zu optimieren.

Hier sind einige Prognosen für die Zukunft der KI im Marketing:

1. **Hyper-Personalisierung:** Mithilfe von KI werden Vermarkter in der Lage sein, hochgradig personalisierte Erfahrungen für jeden einzelnen Kunden zu schaffen. Dazu müssen riesige Datenmengen analysiert werden, um die einzigartigen Vorlieben und das Verhalten jedes einzelnen Kunden zu verstehen und dann die Marketingbotschaften entsprechend anzupassen.

2. **Chatbots und virtuelle Assistenten:** Chatbots werden bereits von vielen Unternehmen für

den Kundenservice und -support eingesetzt. Für die Zukunft ist zu erwarten, dass Chatbots noch ausgefeilter werden und in der Lage sind, komplexe Fragen zu beantworten und personalisierte Empfehlungen zu geben. Virtuelle Assistenten wie Alexa und Siri werden auch im Marketing eine immer wichtigere Rolle spielen und den Nutzern personalisierte Empfehlungen und Vorschläge unterbreiten.

3. Prädiktive Analytik: Mit Hilfe der prädiktiven Analytik können Vermarkter das Verhalten und die Vorlieben ihrer Kunden vorhersehen und so ihre Marketingbotschaften auf jeden einzelnen Kunden zuschneiden. Dazu müssen riesige Datenmengen analysiert werden, um Muster und Trends zu erkennen, und diese Informationen werden dann genutzt, um Vorhersagen über künftiges Verhalten zu treffen.

Verständnis für die potenziellen Auswirkungen der KI auf die Marketingbranche:

Die potenziellen Auswirkungen der KI auf die Marketingbranche sind immens. KI hat das Potenzial, die Art und Weise zu verändern, wie Unternehmen an das Marketing herangehen, und bietet beispiellose Möglichkeiten für Wachstum und Erfolg.

Im Folgenden finden Sie einige Beispiele dafür, wie

sich KI bereits auf die Marketingbranche auswirkt:

1. Kundeneinblicke: KI kann riesige Datenmengen analysieren, um Einblicke in das Verhalten und die Vorlieben der Kunden zu gewinnen. Diese Informationen können genutzt werden, um hochgradig personalisierte Marketingbotschaften und Angebote zu erstellen, die auf jeden einzelnen Kunden zugeschnitten sind.

2. Content Marketing: Mithilfe von KI lassen sich äußerst ansprechende und personalisierte Inhalte erstellen, die jeden einzelnen Kunden ansprechen. Dies kann alles umfassen, von Blogbeiträgen über Social-Media-Updates bis hin zu Videoinhalten.

3. Werbung: KI kann zur Optimierung von Werbekampagnen eingesetzt werden, um sicherzustellen, dass jede Anzeige der richtigen Person zur richtigen Zeit angezeigt wird. Dies kann zu höheren Klickraten und Konversionen führen, was eine höhere Rendite für Unternehmen bedeutet.

Mit KI-Entwicklungen auf dem Laufenden bleiben:
Um in der Welt des Smartketing immer einen Schritt voraus zu sein, ist es unerlässlich, sich über die neuesten Entwicklungen im Bereich der künstlichen Intelligenz auf dem Laufenden

zu halten. Hier sind einige praktische Tipps, um auf dem neuesten Stand zu bleiben:

1. Besuchen Sie Branchenveranstaltungen: Besuchen Sie Konferenzen und Veranstaltungen zum Thema KI und Marketing, um über die neuesten Entwicklungen auf dem Laufenden zu bleiben.

2. Folgen Sie Branchenführern: Folgen Sie Branchenführern und Experten in den sozialen Medien, um über die neuesten Trends und Entwicklungen informiert zu bleiben.

3. Experimentieren Sie mit neuen Tools: Experimentieren Sie mit neuen KI-Tools und -Technologien, um zu sehen, wie sie zur Verbesserung Ihrer Marketingbemühungen eingesetzt werden können.

Zusammenfassend lässt sich sagen, dass die Zukunft des Smartketing mit KI vielversprechend ist. KI hat das Potenzial, die Marketingbranche zu verändern und Unternehmen ungeahnte Möglichkeiten für Wachstum und Erfolg zu bieten. Indem sie sich über die neuesten Entwicklungen im Bereich KI auf dem Laufenden halten und mit neuen Tools und Technologien experimentieren, können Unternehmen der Zeit voraus sein und ihr Wachstum zu neuen Höhen treiben.

Natürlich gibt es einige Beispiele aus der Praxis von Unternehmen, die die in diesem Kapitel besprochenen Strategien erfolgreich umgesetzt haben:

1. Amazon: Amazon ist ein Paradebeispiel für ein Unternehmen, das KI erfolgreich in seine Marketingstrategie integriert hat. Das Unternehmen nutzt KI, um das Kundenerlebnis zu personalisieren und Produkte auf der Grundlage früherer Einkäufe und des Surfverhaltens zu empfehlen. Außerdem werden Chatbots für den Kundenservice und -support eingesetzt, und die virtuelle Assistentin Alexa wird zunehmend in das Einkaufserlebnis integriert.

2. Netflix: Netflix nutzt KI, um das Nutzererlebnis zu personalisieren, indem es Sendungen und Filme auf der Grundlage der Sehgewohnheiten des Nutzers empfiehlt. Das Unternehmen nutzt auch prädiktive Analysen, um zu verstehen, welche Sendungen und Filme bei seinem Publikum wahrscheinlich beliebt sind, und kann so sehr gezielte Marketingkampagnen erstellen.

3. Coca-Cola: Coca-Cola hat KI eingesetzt, um seine Werbekampagnen zu optimieren und sicherzustellen, dass jede Anzeige zur richtigen Zeit der richtigen Person gezeigt wird. Coca-Cola nutzt KI auch, um

Konversationen in sozialen Medien zu analysieren und Trends und Erkenntnisse zu ermitteln, die in die Marketingstrategie einfließen können.

4. Sephora: Sephora nutzt KI in seiner mobilen App, um personalisierte Produktempfehlungen zu geben und den Nutzern zu helfen, den perfekten Make-up-Ton zu finden. Außerdem werden Chatbots für den Kundenservice und -support eingesetzt, und die Funktion "Virtual Artist" ermöglicht es den Nutzern, Make-up virtuell anzuprobieren, bevor sie einen Kauf tätigen.

Diese Unternehmen demonstrieren die Leistungsfähigkeit von KI im Marketing und das Potenzial für Unternehmen, durch den Einsatz von KI in ihrer Marketingstrategie bemerkenswerte Erfolge zu erzielen.

Hier sind drei relevante Zitate von Experten zum Thema Smartketing mit KI:

1. "Künstliche Intelligenz ist die Zukunft des Marketings, und wer sie nicht annimmt, riskiert, den Anschluss zu verlieren." - Neil Patel, Mitbegründer von Crazy Egg und KISSmetrics

Expertenmeinung: Das Zitat von Neil Patel unterstreicht, wie wichtig es ist, KI im Marketing zu nutzen. In der schnelllebigen Welt von heute müssen Unternehmen der Zeit voraus sein, um wettbewerbsfähig zu bleiben. KI bietet Unternehmen nie dagewesene Möglichkeiten für Wachstum und Erfolg, und wer sie nicht nutzt, riskiert, ins Hintertreffen zu geraten.

2. "KI ist kein Ersatz für den Menschen, sondern ein Werkzeug, das unsere Fähigkeiten erweitert und uns hilft, effizienter zu arbeiten." - Sundar Pichai, CEO von Google

Expertenmeinung: Das Zitat von Sundar Pichai unterstreicht, wie wichtig es ist, KI als Werkzeug zur Verbesserung menschlicher Fähigkeiten zu sehen und nicht als Ersatz für sie. KI kann viele Aspekte des Marketingprozesses automatisieren und optimieren und so Zeit und Ressourcen für Marketer freisetzen, damit diese sich auf hochrangige strategische und kreative Arbeit konzentrieren können.

3. "KI wird die Vermarkter nicht ersetzen, aber die Vermarkter, die KI nutzen, werden

diejenigen ersetzen, die es nicht tun." - Paul
Roetzer, Gründer und CEO von PR 20/20

Expertenmeinung: Das Zitat von Paul Roetzer unterstreicht die Idee, dass KI keine Bedrohung für Vermarkter ist, sondern eher eine Chance. Vermarkter, die sich KI zu eigen machen und sie zur Verbesserung ihrer Marketingbemühungen nutzen, sind besser gerüstet, um in der heutigen schnelllebigen digitalen Landschaft erfolgreich zu sein.

Als Marketingberater habe ich aus erster Hand die transformativen Auswirkungen von KI auf Unternehmen gesehen. Eines der eindrucksvollsten Beispiele ist das eines kleinen E-Commerce-Unternehmens, mit dem ich zusammengearbeitet habe. Das Unternehmen hatte Schwierigkeiten, die Besucherzahlen auf seiner Website zu steigern und Besucher in Kunden zu verwandeln. Sie hatten eine Vielzahl von Marketingstrategien ausprobiert, aber nichts schien zu funktionieren.

Da beschlossen wir, KI in ihre Marketingstrategie zu integrieren. Wir nutzten KI, um die Daten der Website zu analysieren und Muster im Kundenverhalten zu erkennen. Diese Informationen nutzten wir dann, um hochgradig zielgerichtete Marketingkampagnen mit personalisierten Botschaften und Angeboten zu erstellen, die jeden einzelnen Kunden ansprechen.

Die Ergebnisse waren verblüffend. Innerhalb weniger Monate stieg der Website-Traffic des Unternehmens um 50 %, und die Konversionsrate hatte sich mehr als verdoppelt. Das Unternehmen konnte einen bemerkenswerten Erfolg erzielen, indem es die Leistung von KI in seiner Marketingstrategie nutzte.

Diese Erfahrung hat mich das unglaubliche Potenzial von KI im Marketing gelehrt. Durch den Einsatz von KI zur Analyse von Daten und zur Erstellung personalisierter Marketingkampagnen können Unternehmen ein beispielloses Wachstum und einen beispiellosen Erfolg erzielen. Ich freue mich darauf, die Welt des Smartketing mit KI weiter zu erforschen und Unternehmen dabei zu helfen, ihr volles Potenzial auszuschöpfen.

Zusammenfassend lässt sich sagen, dass die Zukunft von Smartketing mit KI unglaublich vielversprechend ist. KI hat das Potenzial, die Marketingbranche zu revolutionieren und Unternehmen ungeahnte Möglichkeiten für Wachstum und Erfolg zu bieten. Durch den Einsatz von KI zur Analyse von Daten, zur Erstellung personalisierter Marketingkampagnen und zur Optimierung von Werbemaßnahmen können Unternehmen bemerkenswerte Ergebnisse erzielen.

Hier sind einige wichtige Erkenntnisse und Ratschläge für Leser, die KI in ihre Marketingstrategie integrieren möchten:

1. Beginnen Sie klein: Experimentieren Sie mit KI-Tools und -Technologien in kleinem Maßstab. So können Sie das Wasser testen und sehen, wie KI zur Verbesserung Ihrer Marketingbemühungen eingesetzt werden kann.

2. Fokus auf Kundeneinblicke: Nutzen Sie KI, um Kundendaten zu analysieren und Einblicke in ihr Verhalten und ihre Vorlieben zu gewinnen. Diese Informationen können genutzt werden, um hochgradig personalisierte Marketingbotschaften und Angebote zu erstellen, die auf jeden einzelnen Kunden zugeschnitten sind.

3. Machen Sie sich Chatbots und virtuelle Assistenten zu eigen: Chatbots und virtuelle Assistenten können unglaublich wertvolle Werkzeuge für den Kundenservice und -support sein. Sie können auch eingesetzt werden, um das Nutzererlebnis zu personalisieren und Empfehlungen und Vorschläge zu geben.

4. Bleiben Sie auf dem Laufenden: Um in der Welt des Smartketing mit KI die Nase vorn zu haben, ist es unerlässlich, über die neuesten Entwicklungen im Bereich KI und Marketing auf dem Laufenden zu bleiben. Besuchen Sie Branchenveranstaltungen, folgen Sie Branchenführern und experimentieren Sie mit neuen Tools und Technologien.

Wenn Sie diese wichtigen Hinweise und Ratschläge befolgen, können Unternehmen in der Welt des

Smartketing mit KI bemerkenswerte Erfolge erzielen. Verpassen Sie nicht die Gelegenheit, Ihre Marketingstrategie zu verändern und Ihr Unternehmenswachstum in neue Höhen zu treiben.

KAPITEL 8: SCHLUSSFOLGERU NG UND NÄCHSTE SCHRITTE

In der heutigen schnelllebigen Welt ist der Wettbewerb hart, und traditionelle Marketingstrategien reichen nicht mehr aus, um das Unternehmenswachstum zu fördern. Als Vermarkter oder KMU-Besitzer müssen Sie der Zeit voraus sein und die Macht der Künstlichen Intelligenz (KI) nutzen, um erfolgreich zu sein. In diesem Buch, Smartketing Mastery, haben Sie die Grundlagen von Smartketing kennengelernt und erfahren, wie KI Ihre Marketingstrategie verändern kann. Lassen Sie uns nun die wichtigsten Erkenntnisse rekapitulieren und die nächsten Schritte zur Implementierung von KI in Ihre eigene Marketingstrategie erkunden.

Zusammenfassung des Kapitels:

In diesem Buch haben Sie die Grundlagen von

Smartketing kennengelernt und erfahren, wie KI Ihre Marketingbemühungen verbessern kann. Sie haben erfahren, wie Sie KI nutzen können, um Kundeneinblicke zu gewinnen, Ihr Content Marketing zu verbessern und Ihre Werbekampagnen zu optimieren. Sie haben auch etwas über die verschiedenen verfügbaren KI-Tools gelernt und wie Sie das richtige für Ihr Unternehmen auswählen.

Nächste Schritte:

Jetzt, da Sie ein solides Verständnis von Smartketing mit KI haben, ist es an der Zeit, Maßnahmen zu ergreifen und es in Ihre eigene Marketingstrategie zu implementieren. Beginnen Sie damit, die Bereiche zu identifizieren, in denen KI den größten Einfluss haben kann, z. B. Datenanalyse, Kundensegmentierung und Erstellung personalisierter Inhalte. Wählen Sie dann das richtige KI-Tool für Ihr Unternehmen und beginnen Sie mit dem Testen und Optimieren Ihrer Kampagnen. Denken Sie daran, Ihre Ergebnisse zu verfolgen und Ihre Strategie entsprechend anzupassen.

Abschließende Überlegungen:

Smartketing mit KI ist die Zukunft des Marketings und für das Unternehmenswachstum unerlässlich. Durch den Einsatz von KI können Sie wertvolle Erkenntnisse über das Verhalten Ihrer Kunden gewinnen, personalisierte Inhalte erstellen und Ihre Marketingkampagnen optimieren. Mit der richtigen Strategie und den richtigen Tools können Sie bemerkenswerte Erfolge erzielen und der Konkurrenz einen Schritt voraus sein. Verpassen Sie nicht die Chance, Ihr Unternehmen zu verändern - beginnen Sie noch heute mit der Implementierung von Smartketing mit KI!

Rekapitulation der wichtigsten Erkenntnisse:

In diesem Kapitel fassen wir die wichtigsten Erkenntnisse aus den vorangegangenen Kapiteln dieses Buches zusammen und untersuchen, wie Sie KI in Ihrer Marketingstrategie effektiv einsetzen können. Eine der wichtigsten Erkenntnisse aus diesem Buch ist, dass KI kein Ersatz für Menschen ist, sondern ein Werkzeug, das uns helfen kann, intelligentere Entscheidungen zu treffen, Zeit zu sparen und personalisierte Erfahrungen für unsere Kunden zu schaffen.

Wir haben gelernt, dass KI eingesetzt werden kann, um riesige Datenmengen zu analysieren, Muster zu erkennen und Erkenntnisse zu gewinnen, die uns bei unserer Marketingstrategie helfen können. Sie kann uns auch helfen, personalisierte Inhalte zu erstellen, unsere Werbekampagnen zu optimieren und die Kundenbindung zu verbessern.

Die nächsten Schritte zur Implementierung von KI in Ihre Marketingstrategie:

Jetzt, da Sie ein solides Verständnis von Smartketing mit KI haben, ist es an der Zeit, aktiv zu werden und es in Ihre eigene Marketingstrategie zu integrieren. Hier sind einige praktische Tipps, die Ihnen den Einstieg erleichtern:

1. Ermittlung der Bereiche, in denen KI die größten Auswirkungen haben kann:

Der erste Schritt besteht darin, die Bereiche zu ermitteln, in denen KI den größten Einfluss auf Ihre Marketingstrategie haben kann. Das kann alles sein, von der Datenanalyse und Kundensegmentierung bis hin zur Erstellung von Inhalten und Werbeoptimierung. Wenn Sie sich auf diese Bereiche konzentrieren, können Sie mit KI die besten Ergebnisse erzielen.

2. Wählen Sie das richtige KI-Tool für Ihr Unternehmen:

Es gibt viele KI-Tools auf dem Markt, und die Wahl des richtigen Tools kann eine schwierige Aufgabe sein. Um die richtige Wahl zu treffen, sollten Sie Ihre Unternehmensziele, Ihr Budget und die spezifischen Anforderungen Ihrer Marketingstrategie berücksichtigen. Wählen Sie ein KI-Tool, das einfach zu bedienen ist und sich nahtlos in Ihre bestehenden Marketing-Tools integrieren lässt.

3. Testen und optimieren Sie Ihre Kampagnen:

Sobald Sie das richtige KI-Tool ausgewählt haben, ist es an der Zeit, mit dem Testen und Optimieren Ihrer Kampagnen zu beginnen. Beginnen Sie mit kleinen Experimenten, verfolgen

Sie Ihre Ergebnisse und passen Sie Ihre Strategie entsprechend an. Verwenden Sie A/B-Tests, um verschiedene Versionen Ihrer Werbekampagnen und Inhalte zu vergleichen und herauszufinden, was für Ihr Publikum am besten funktioniert.

Abschließende Überlegungen:

Smartketing mit KI ist die Zukunft des Marketings und für das Unternehmenswachstum unerlässlich. Durch den Einsatz von KI können Sie wertvolle Erkenntnisse über das Verhalten Ihrer Kunden gewinnen, personalisierte Inhalte erstellen und Ihre Marketingkampagnen optimieren. Mit der richtigen Strategie und den richtigen Tools können Sie bemerkenswerte Erfolge erzielen und der Konkurrenz einen Schritt voraus sein. Denken Sie daran, weiter zu experimentieren, Ihre Ergebnisse zu verfolgen und Ihre Strategie entsprechend anzupassen. Verpassen Sie nicht die Chance, Ihr Unternehmen zu verändern - beginnen Sie noch heute mit der Implementierung von Smartketing mit KI!

Im Folgenden finden Sie einige Beispiele aus der Praxis von Unternehmen, die KI erfolgreich in ihre Marketingstrategie integriert haben:

1. Netflix: Netflix, einer der Pioniere der KI im Marketing, nutzt KI, um seinen Nutzern personalisierte Empfehlungen zu geben. Durch die

Analyse von Nutzerdaten wie Sehgewohnheiten, Bewertungen und Suchvorgängen ist Netflix in der Lage, Inhalte vorzuschlagen, die auf die Vorlieben jedes einzelnen Nutzers zugeschnitten sind. Dies hat dazu beigetragen, dass Netflix seine Abonnenten erfolgreich an sich binden konnte und sie weiterhin mit seiner Plattform verbunden bleiben.

2. Starbucks: Starbucks nutzt KI, um sein mobiles Bestellsystem zu verbessern. Durch die Analyse von Daten über das Kundenverhalten und die Vorlieben der Kunden können sie ihren Kunden personalisierte Empfehlungen und Angebote unterbreiten und ihr Bestellverhalten insgesamt verbessern. Dies hat zu einer Steigerung der Kundenzufriedenheit und -treue geführt.

3. Amazon: Amazon nutzt KI, um seine Suchalgorithmen zu verbessern und seinen Kunden personalisierte Produktempfehlungen zu geben. Durch die Analyse von Nutzerdaten wie Suchhistorie, Kaufhistorie und Browsing-Verhalten ist Amazon in der Lage, Produkte vorzuschlagen, die für jeden einzelnen Kunden relevant und ansprechend sind. Dies hat zum Erfolg des Unternehmens bei der Kundenbindung und Umsatzsteigerung beigetragen.

Diese Beispiele zeigen, wie KI eingesetzt werden kann, um das Kundenerlebnis zu verbessern und das Unternehmenswachstum zu fördern. Durch die Nutzung von Daten und KI-Tools können Unternehmen wertvolle Einblicke in das Verhalten und die Vorlieben ihrer Kunden gewinnen und personalisierte Inhalte und Empfehlungen bereitstellen, die die Kunden eher ansprechen und binden.

Hier finden Sie drei relevante Zitate von Experten oder einflussreichen Persönlichkeiten zum Thema "Smartketing mit KI":

1. *"KI wird im nächsten Jahrzehnt der größte Wachstumsmotor für Unternehmen sein". - Andrew Ng, Gründer von Google Brain und ehemaliger Vizepräsident von Baidu*

Das Zitat von Andrew Ng unterstreicht die Bedeutung von KI für das Unternehmenswachstum. Mit ihrer Fähigkeit, große Datenmengen zu analysieren, Muster zu erkennen und Erkenntnisse zu gewinnen, kann KI Unternehmen in der heutigen datengesteuerten Welt einen Wettbewerbsvorteil verschaffen.

2. *"KI ist die Zukunft des Marketings, aber sie ist kein Ersatz für Kreativität." - Keith Weed, ehemaliger CMO von Unilever*

Das Zitat von Keith Weed unterstreicht die Bedeutung von Kreativität im Marketing, auch beim Einsatz von KI. Auch wenn KI Unternehmen dabei helfen kann, datengestützte Entscheidungen zu treffen, ist es immer noch wichtig, im Marketing eine menschliche Note zu haben, um ansprechende und unvergessliche Erlebnisse für Kunden zu schaffen.

3. "KI ist wie die Elektrizität vor 100 Jahren. Sie wird jede einzelne Branche verändern." - Mark Cuban, Unternehmer und Investor

Das Zitat von Mark Cuban verdeutlicht das transformative Potenzial von KI. Mit ihrer Fähigkeit, Aufgaben zu automatisieren, Erfahrungen zu personalisieren und die Entscheidungsfindung zu optimieren, wird KI in den kommenden Jahren nicht nur das Marketing, sondern jede Branche revolutionieren.

Expertenmeinung:

Ein wichtiger Aspekt des Smartketing mit KI ist der Datenschutz und die Datensicherheit. Unternehmen müssen sicherstellen, dass sie KI-Tools auf ethische und verantwortungsvolle Weise einsetzen und die Daten ihrer Kunden schützen. Andrew Ng stellt fest: "KI ist eine neue Elektrizität, und genauso wie Elektrizität gefährlich sein kann, wenn sie nicht richtig genutzt wird, kann das auch KI sein." Daher ist es für Unternehmen unerlässlich, bei der Implementierung von KI in ihre Marketingstrategie dem Datenschutz und der Datensicherheit Vorrang einzuräumen und ihren Kunden gegenüber transparent zu machen, wie ihre Daten verwendet werden. Auf diese Weise können Unternehmen Vertrauen bei ihren Kunden aufbauen und den langfristigen

Erfolg ihrer Marketingstrategie sicherstellen.

Als Marketingexperte habe ich mich schon immer für die Nutzung von Daten als Entscheidungsgrundlage und zur Förderung des Unternehmenswachstums begeistert. Allerdings war ich oft von der schieren Menge an Daten, die analysiert werden mussten, überwältigt und hatte Mühe, einen Sinn in all dem zu erkennen. Das heißt, bis ich die Macht der KI im Marketing entdeckte.

In meinem Unternehmen haben wir KI-Tools eingeführt, um Kundendaten zu analysieren und Muster und Trends zu erkennen. Mithilfe von KI konnten wir wertvolle Erkenntnisse über das Verhalten und die Vorlieben unserer Kunden gewinnen und personalisierte Erlebnisse schaffen, die bei ihnen Anklang fanden. Außerdem konnten wir unsere Werbekampagnen optimieren und unsere Marketingstrategie insgesamt verbessern.

Die Auswirkungen der KI auf unser Geschäft waren transformativ. Wir konnten die Kundenbindung und -zufriedenheit erhöhen und unsere Umsätze und Erträge deutlich steigern. Das Beste daran war, dass wir uns auf das konzentrieren konnten, was wir am besten können - innovative und ansprechende Inhalte für unsere Kunden zu erstellen - während KI die Datenanalyse und -optimierung übernahm.

Insgesamt lehrte mich diese Erfahrung, wie wichtig es ist, neue Technologien und Tools im Marketing zu nutzen, und wie sie uns helfen können, bemerkenswerte Erfolge zu erzielen. Mit KI konnten wir unsere Marketingstrategie auf die nächste Stufe heben und der Konkurrenz einen Schritt voraus sein.

Zusammenfassend lässt sich sagen, dass Smartketing Mastery einen umfassenden Überblick darüber gegeben hat, wie KI genutzt werden kann, um das Unternehmenswachstum voranzutreiben und Ihre Marketingstrategie zu verändern. Wir haben gelernt, dass KI kein Ersatz für Menschen ist, sondern ein Werkzeug, das uns helfen kann, intelligentere Entscheidungen zu treffen, Zeit zu sparen und personalisierte Erfahrungen für unsere Kunden zu schaffen.

In diesem Buch haben wir untersucht, wie KI eingesetzt werden kann, um große Datenmengen zu analysieren, Muster und Erkenntnisse zu erkennen und Inhalte und Empfehlungen zu personalisieren. Wir haben auch die verschiedenen verfügbaren KI-Tools kennengelernt und erfahren, wie Sie das richtige für Ihr Unternehmen auswählen.

Wenn Sie KI in Ihre Marketingstrategie einbinden möchten, finden Sie hier einige wichtige Hinweise und praktische Ratschläge:

1. Identifizieren Sie die Bereiche, in denen KI den größten Einfluss auf Ihre Marketingstrategie haben kann, z. B. Datenanalyse, Kundensegmentierung und Erstellung personalisierter Inhalte.

2. Wählen Sie das richtige KI-Tool für Ihr Unternehmen und berücksichtigen Sie dabei Ihre Ziele, Ihr Budget und die spezifischen Anforderungen Ihrer Marketingstrategie.

3. Testen und optimieren Sie Ihre Kampagnen, indem Sie A/B-Tests durchführen und Ihre Ergebnisse verfolgen, um herauszufinden, was für Ihre Zielgruppe am besten funktioniert.

4. Geben Sie dem Datenschutz und der Datensicherheit Vorrang und informieren Sie Ihre Kunden transparent über die Verwendung ihrer Daten.

Wenn Sie diese Schritte befolgen, können Sie die Leistung von KI nutzen, um das Unternehmenswachstum voranzutreiben und bemerkenswerte Erfolge zu erzielen.

Smartketing mit KI ist die Zukunft des Marketings. Wenn Sie sich diese Technologie zu eigen machen, können Sie der Konkurrenz einen Schritt voraus sein und ansprechende Erlebnisse schaffen, die bei Ihren Kunden ankommen. Verpassen Sie nicht die Chance, Ihr Unternehmen zu verändern - beginnen Sie noch heute mit der Implementierung von Smartketing mit KI!

FAZIT

Am Ende unserer Reise in die Welt des Smartketing ist es wichtig, über die wichtigsten Themen und Ideen nachzudenken, die wir in diesem Buch erforscht haben. Wir haben gelernt, wie künstliche Intelligenz eingesetzt werden kann, um Marketingmaßnahmen zu verbessern, von der Gewinnung von Kundeneinblicken bis zur Verbesserung von Werbung und Content Marketing. Wir haben auch die Zukunft von Smartketing und die ethischen Überlegungen diskutiert, die mit dem Einsatz von KI im Marketing verbunden sind.

Aber was bedeutet das alles für Sie, den Leser? Wie können Sie die Ideen in diesem Buch in umsetzbare Ratschläge für Ihre Marketingstrategie umwandeln?

Zunächst einmal ist es wichtig zu erkennen, dass KI keine Patentlösung für alle Marketingherausforderungen ist. Sie ist nur ein Werkzeug im Werkzeugkasten eines Marketers und sollte in Verbindung mit anderen Strategien und Taktiken eingesetzt werden.

Zweitens ist es wichtig, die ethischen Implikationen des Einsatzes von KI im Marketing zu berücksichtigen. Als Vermarkter haben wir die Verantwortung,

KI so zu nutzen, dass sie unseren Kunden und der Gesellschaft als Ganzes zugutekommt. Das bedeutet, dass wir transparent machen müssen, wie wir Daten nutzen, und sicherstellen müssen, dass unsere KI-gestützten Marketingbemühungen fair und unvoreingenommen sind.

Der Schlüssel zum Erfolg beim Smartketing ist schließlich Kreativität. Da sich KI im Marketing immer mehr durchsetzt, ist es wichtig, über den Tellerrand hinauszuschauen und neue Wege zu finden, um KI zur Verbesserung Ihrer Marketingbemühungen einzusetzen. Das kann bedeuten, mit neuen KI-gestützten Tools und Plattformen zu experimentieren oder einzigartige Wege zu finden, KI für Kundeneinblicke zu nutzen.

Zusammenfassend lässt sich sagen, dass Smartketing Mastery ein Ausgangspunkt für Marketingfachleute ist, die daran interessiert sind, die Möglichkeiten der KI im Marketing zu erkunden. Durch den verantwortungsvollen und kreativen Einsatz von KI können Sie Ihre Marketingbemühungen auf ein neues Niveau heben und bemerkenswerte Erfolge erzielen. Denken Sie immer daran, die ethischen Implikationen des Einsatzes von KI im Marketing zu berücksichtigen und KI nur als ein Werkzeug in Ihrem Marketing-Werkzeugkasten zu betrachten. Die Zukunft des Smartketing ist da, und es liegt an uns als Marketingexperten, sie anzunehmen und für das Wachstum unseres Unternehmens zu nutzen.

Die Originalversion dieses Buches wurde im Mai 2023 von EMJI Publishing in englischer Sprache unter dem Titel: *"Smartketing Mastery: How to power Marketing with Artificial Intelligence"*.

DANKE!

Vielen Dank, dass Sie mich auf dieser spannenden Reise durch die Welt des Smartketing begleiten. Inzwischen haben Sie wertvolle Einblicke und praktisches Wissen erworben, das Sie auf den Weg bringt, die Macht der Künstlichen Intelligenz für Ihre Marketingbemühungen zu nutzen. Aber denken Sie daran: Lernen ist ein lebenslanger Prozess, und es gibt immer mehr zu entdecken.

Ich lade Sie ein, mit mir in Kontakt zu bleiben und mit mir weiter zu lernen. Verbinden Sie sich mit mir auf LinkedIn **https:// www.linkedin.com/in/mathieujanin/**

oder schreiben Sie mir eine E-Mail an **mathieu.janin@smartketing.ai**.

Ich würde mich freuen, Ihre Gedanken zum Buch zu hören, Ihre Fragen zu beantworten und Ihre Erfolgsgeschichten zu hören, wenn Sie beginnen, KI in Ihre Marketingstrategie zu integrieren.

Wenn Sie eine persönlichere Beratung oder professionelle Unterstützung bei der Optimierung Ihrer Marketingstrategie mit KI benötigen, biete ich auch Marketingberatungsdienste an. Wenn Sie mehr darüber erfahren möchten, besuchen Sie bitte unsere Website **https://de.smartketing.ai** oder meinen Blog unter **https://le-blog-de-mathieu-janin.net**.

Denken Sie daran: Die Zukunft des Marketings liegt in unserer Fähigkeit, uns anzupassen, zu innovieren und die uns zur Verfügung stehenden Werkzeuge zu nutzen. Machen Sie sich KI zu eigen, lassen Sie sie Ihre Strategie bestimmen und erleben Sie, wie Ihr Unternehmen wächst. Die Zukunft des Smartketing ist jetzt, und Sie sind ein Teil davon. Lassen Sie uns sie gemeinsam gestalten.

Ich freue mich auf unsere weitere Reise in das Reich des Smartketing!

Mathieu Janin

www.ingramcontent.com/pod-product-compliance
Lightning Source LLC
Chambersburg PA
CBHW070802220526
45466CB00002B/518